Dankstelle
Übelsetzungen

DANKSTELLE

übelsetzungen

Brandneue Sprachpannen aus aller Welt

Langenscheidt

Berlin • München • Wien • Zürich • New York

Langenscheidt Dankstelle
Übelsetzungen – Brandneue Sprachpannen aus aller Welt
mit Texten von Titus Arnu

Redaktion und Bildrecherche: Monika Schaffrath
Layout: Katharina Steinmetz
Projektleitung: Monika Schaffrath, Eva Betz

Für die Unterstützung bei der Bildrecherche danken wir:

fotocommunity
www.fotocommunity.de

Satz: Regg Media GmbH, München
Druck: Kösel GmbH & Co. KG
Printed in Germany
ISBN 978-3-468-29847-9
www.langenscheidt.de

09010

Inhalt

Vorwort

„Danke für meine Arbeitsstelle, danke für jedes kleine Glück“ heißt es in einem Lied, das voll des Dankes ist, und weiter „Danke für alles Frohe, Helle und für die Musik“. Musik gibt es in diesem Büchlein leider nicht, aber beim Rest kann ich mich nur zutiefst dankbar, gerührt und teilweise von Lachen geschüttelt anschließen.
Die Arbeitsstelle als Übelsetzungs-Interpret ist tatsächlich ein kleines Glück, auch wenn man nicht zu jedem Beispiel die vierte Strophe des erwähnten Liedes singen kann – sie heißt „Danke, dass ich dein Wort verstehe“. Dass man nicht auf Anhieb jedes Wort versteht auf den Speisekarten, Straßenschildern und in den Hotelprospekten und Gebrauchsanweisungen, macht ja gerade den Reiz der köstlichen Fundstücke aus, die in diesem Band abgebildet und entschlüsselt werden.

Der nächste Urlaub kommt bestimmt, und vielleicht führt er Sie auf die Insel Kos, wo es neben vielen idyllischen Badestellen auch eine Dankstelle gibt. An diesem Wallfahrtsort für dankbare Touristen wollen wir uns in die Schlange der Dankenden einreihen und laut Danke rufen, das kann man ja nicht oft genug sagen. Also: Danke, Danke, Danke, Danke, Danke und noch mal Danke. Denn ohne die Begeisterung der Leser für liebenswerte Sprachunfälle und ihren persönlichen Einsatz wäre dieses Buch nicht möglich gewesen. Die Resonanz auf die ersten beiden Übelsetzungs-Bände war so groß, dass massenweise Fotos mit Fehlübersetzungen aus der ganzen Welt per Post und E-Mail eingingen. Vielen herzlichen Dank dafür an dieser Stelle.

Titus Arnu

Santiago de Compostela, Spanien

DIESES SCHÖNE Monument auf dem Monte do Gozo in Galizien wünscht den Jakobspilgern aus aller Welt eine gute Reise. Nur den deutschen nicht, denen wird ein „guter Spielraum“ gewünscht. Warum? Wozu? Der verspielte Übersetzer hat der Fantasie da viel Spielraum gelassen.

Willkommen

Für den ersten Eindruck gibt es keine zweite Chance. Ein Hotelbesitzer, der einen bittet, vor Betreten der Rezeption erstmal am ersten Stock zu „klopsen", macht es einem da nicht gerade leicht. Besser ist es, freundlich und unbestimmt zu bleiben, wie das verspielte Schild auf dieser Seite. In diesem Sinne: Herzlich willkommen.

Sebine Aidnik

Sina, Libyen

DAS KÖNNTE der Anfang einer wunderbaren Kindergeschichte sein, in der es um eine Kuh geht, bei der man in der Wüste Kaffee trinken kann: „A Moo said wellcome“ – eine Muh sagte willkommen. In Wirklichkeit handelt es sich um eine Raststätte an einer Straße in Libyen, deren Inhaber wahrscheinlich Amoo Said heißt. Vielleicht der Beginn einer wunderbaren Freundschaft zum Chef des „Cofi Shoop“.

Cafi shoop
AMoo Said
well COME

Sonja Bogner

1 *České Budějovice, Tschechien*

Melanie Loriz

2 *Schanghai, China*

1 EIN SCHÖNES Schild. Schlicht. Sachlich. Schwarz-weiß. Ein Rätsel nur, warum deutsche Besucher schön willkommen sind, aber englisch sprechende Touristen nur willkommen. Ganz schön ungerecht.

2 AM FLUGHAFEN von Schanghai geht es manchmal drunter und drüber. Gut, wenn man da einen Informationsschalter entdeckt. Allerdings geht es bei den Buchstaben auf dem Schild auch drunter und drüber. Kleine „luforwation": Einfach das U und das W auf den Kopf stellen, dann stimmt's.

Maja Busecke

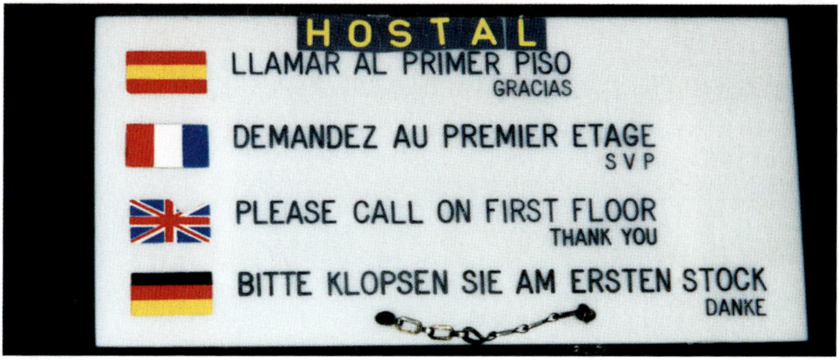

3 *Gerona, Spanien*

Christian Seiffer

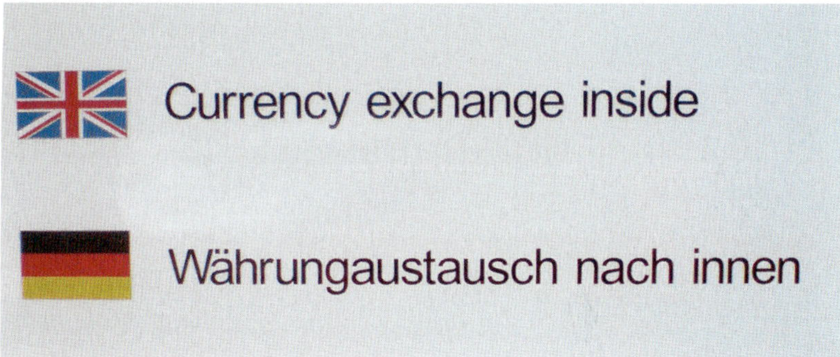

4 *Geiranger, Norwegen*

3 DIESES HOTEL in Spanien bittet Gäste höflich, sich im ersten Stock zu melden, zumindest auf Spanisch und Englisch. Mit der deutschen Version hat man sich einen ziemlichen Klops geleistet. Hallo? Klopsklops! Ist da jemand, der dem Hotel ein kleines F ausleiht? Nein? Dann bleibt das Schild ein echter Schenkelklopser.

4 TAUSCHGESCHÄFTE beruhen auf dem Prinzip der Gegenseitigkeit: Man gibt etwas, um dafür etwas anderes, möglichst Gleichwertiges zu bekommen. Wer nur nimmt oder nur gibt, macht etwas falsch. Und wenn man Währungen nach innen austauscht, läuft auch etwas schief. Dabei ist die Sache nett gemeint: Der Souvenirshop bittet Touristen zum Geldwechseln in den Laden.

Michael Mauritz

1 *Mallorca, Spanien*

Michael Mauritz

2 *Mallorca, Spanien*

Michael Mauritz

3 *Mallorca, Spanien*

1–3 AUF MALLE findet der deutsche Urlauber alles, was er zum Überleben braucht: „Schnapse“, „Briff Marke“ und „Bill Zeitung“. Dem Besitzer des Ladens ist absolut kein Vorwurf zu machen. Deutsche auf Malle sprechen Schnäpse, Briefmarke und Bild-Zeitung exakt so aus.

Kos, Griechenland

Haimo Pölzl

AUF DER INSEL Kos herrscht kein Stellenmangel. Es gibt neben den vielen schönen Badestellen auch Stellen, bei denen man seinen Mietwagen zurückgeben kann, Stellen, bei denen man mit dem Auto Geld holen kann, und Stellen, bei denen man seinen Dank loswerden kann. Stellen, bei denen man Benzin bekommt, sind selbstverständlich auch vorhanden. Tanke dafür!

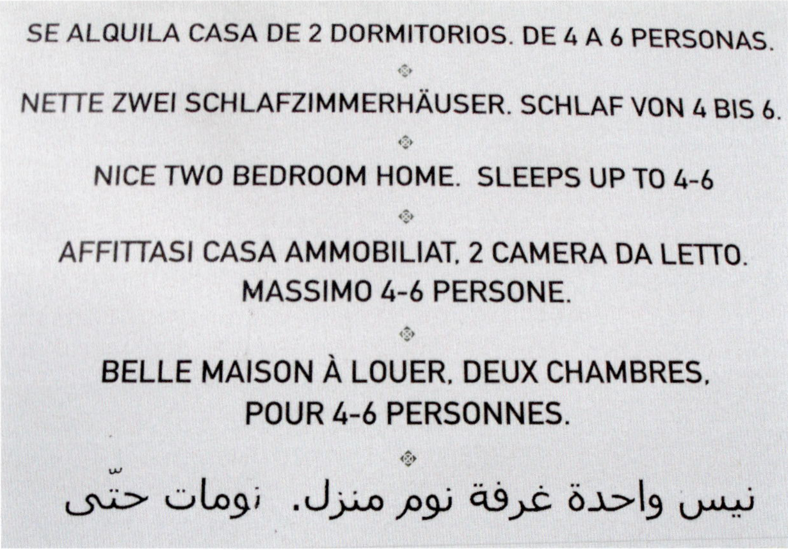

Melanie Beron

1 *Arcos de La Frontera, Spanien*

Adrian Heubel

2 *Cognac, Frankreich*

Herbert Fend

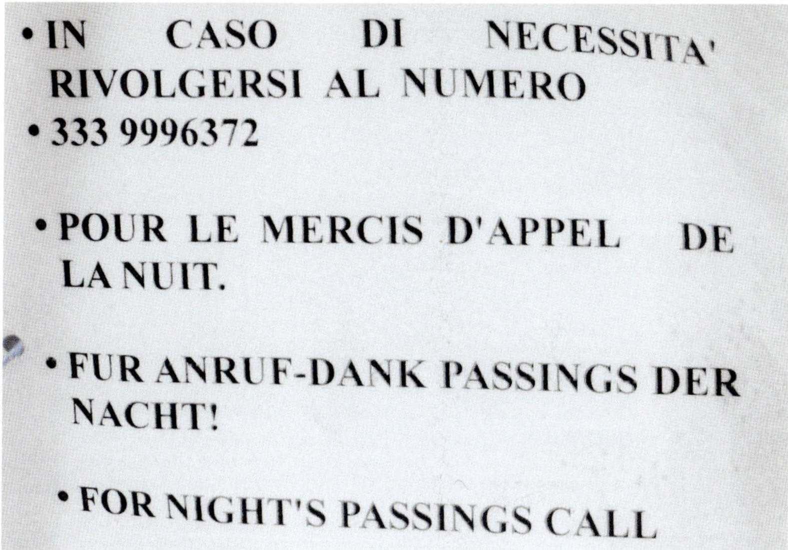

3 *Sardinien, Italien*

1 IN DIESEM NETTEN andalusischen Urlaubsort gibt es zwei „nette Schlafzimmerhäuser" zu mieten. Weniger nett: Schlaf ist dort nur von 4 bis 6 möglich. Der Übersetzer war wohl nicht ganz ausgeschlafen. In den anderen Sprachen steht auf dem Schild, dass maximal 4 bis 6 Personen dort übernachten können – und dass es sich um ein Haus mit zwei Schlafzimmern handelt.

2 FREIZEIT-KAPITÄNE, die in Cognac ankommen, sollten noch fahrtüchtig genug sein, um das Boot einzuparken. Wer sich eine Weile in der Stadt aufhält, wird durch den Genuss lokaler Spezialitäten schnell bedüdelt. Selbst das Schild des „Hafenamks" kann nur noch lallen. Oder war nur der Übersetzer besoffen? Hoch-, äh, hicks, hundertprozentig.

3 EINE INTERNATIONALE Frühstückspension, die sich einer ganz eigenen Sprache bedient. „Fur Anruf – Dank Passings der Nacht" – was das bedeuten soll, erschließt sich durch den Vergleich mit den Versionen in Englisch, Französisch und Spanisch (die auch alle fehlerhaft sind). Gemeint ist eine Notfallnummer für Gäste, die spät ankommen.

1 *Sant Martí Sarroca, Spanien*

Hans Roleder

Die tradition vinícola von die familie Romagosa ist von 8 generation weinlese die besten weintrauben, von die verschidenen Macabeu, Xarel-lo, Chardonnay, Merlot, Cabernet Sauvignon, und noch anderen ausgewäld un eizigartig wierd der resten weihmost, blumenmost die ausnahme qualitát gárung. Ist bei die tiefe temperatures kontrolied für beschützen allen seinen gromanichen bluten.
Die verhebeitung von den wein von D.O. Penedés weissen und weinrosa glandzeund und vollen geschmag.
Roten körper ausgeglichen für bearberten für den cava, Romagosa Torné, folgen die vorschrift methode tradition "champenoise" von die zweiten garüng in der flache garantierd zum hausrruren alt werden über jahren lang von die tiefen hieren cava. Nach heiren process von herbunft verneigung in einen pult entwurdigung mit heinen vorsicht verharbeitung der erziehung das ist der beitrag h a u p t w e s e n t l i c h charakteristich von seinen

Antje Schaaf

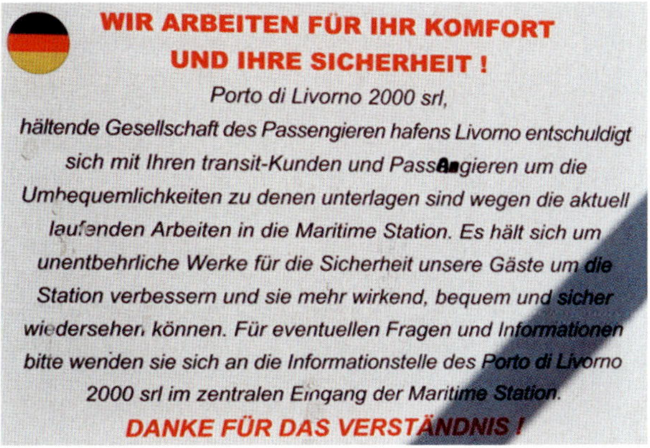

2 *Livorno, Italien*

1 DER WEIN der Familie Romagosa wird aus Resten von Blumenmost gemacht und ist für seine „gromanichen“ Blüten bekannt. Dementsprechend blumig formuliert ist das Infoblatt des Weingutes. Der „hauptwesentliche“ Vorgang der Herstellung ist schwer zu erklären, es geht um „Entwurdigung“ und „Erziehung“, und die „Hausrruren“ spielen eine tragende Rolle. Im Gegensatz zu dem raffinierten Gesöff scheint die Übersetzung noch nicht ganz ausgegoren zu sein.

2 IM HAFEN von Livorno kann es schon mal chaotisch zugehen, besonders, wenn Bauarbeiter „unentbehrliche Werke“ errichten. Die „hältende Gesellschaft“ des Hafens entschuldigt sich mit den Transit-Kunden und Passagieren (was können die eigentlich dafür?) „um die Unbequemlichkeiten zu denen unterlagen sind“. Sie haben nichts verstanden? Egal. Der Hafen von Livorno dankt trotzdem für das Verständnis.

Peter Eisner

1 *Saint-Martin-de-la-Place, Frankreich*

Christoph Griesser

2 *Lago di Mergozzo, Italien*

Eva Betz

3 *Cartoceto, Italien*

1 DIESES SCHILD an einem französischen Schloss ist keine besonders schlimme Übelsetzung, hört sich aber trotzdem extrem übel an. Die frei laufenden „Hünde" scheinen wirklich brutale Biester zu sein.

2 URLAUB in Italien ist manchmal anstrengend, besonders im August, wenn die Strände überfüllt sind. Wie gut, wenn man dann ein hohes Tier ist, ein „professore" etwa oder wenigstens ein „possessore". Für Chefs sind ganze Strände reserviert, selbst für „die Chef von Hund". Ein „possessore" könnte ein Firmeninhaber sein, „possessori di cane" sind aber lediglich Hundebesitzer.

3 DIE BÜROKRATIE ist in Italien ein Problem. In Cartoceto hat nun sogar ein „Touristischen Nachrichtensbüro" aufgemacht, in dem Urlauber auf original italienische Art gründlich verwaltet werden. Wer dort Urlaub macht, sollte viel Extrazeit mitbringen, um Badeanträge, Spaziergananträge und Nichtstunanträge zu stellen. Wer bei der Touristeninformation nachfragt, was der Unsinn soll, bekommt zur Antwort, dass man bereits vor Jahren ein korrekt übersetztes Schild beantragt hat.

Lignano, Italien

SCHLIMM: Ballerspiele verbreiten sich immer weiter, selbst im Schwimmbad müssen gewalttätige Spiele schon verboten werden. Aber dass die Leute jetzt schon so brutal sind, dass im Pool Armstücke schwimmen, überrascht einen dann doch. Mit den besonderen „schwimmenden Armstücken" sind Schwimmflügel gemeint, außerdem werden Badbesucher gebeten, nicht zu heftig (italienisch: „violento") herumzutoben.

Stefan Birnhuber

Wasser marsch!

Baden im Meer ist eine lebensgefährliche Sache. Das Grauen lauert unter der Wasseroberfläche: Fiese Fische, miese Muscheln und aggressive Algen machen dem arglosen Urlauber das Leben schwer. Zum Glück stehen überall Schilder am Strand, die vor „Balneation“ oder „Rehungo“ warnen. Lesen Sie dieses Kapitel sehr aufmerksam – es könnte vielleicht mal ihr Leben retten, wenn Sie am Ufer stehen und eines der komplett unverständlichen Warnschilder sehen.

Herbert Fend

Sardinien, Italien

FÜR TOILETTENBESUCHE im Ausland braucht man entsprechendes Knoff-Hoff (Neudeutsch für Fachwissen). Oder eine ganz exakte Gebrauchsanweisung – aber wie funktioniert „Eindringen auf dem knoff bis zum vollabfluss“? Machen Sie sich keinen Koff, es geht nur um das ordentliche Drücken eines Knopfes, bis das Wasser ganz abgelaufen ist.

Alexandra Baecker

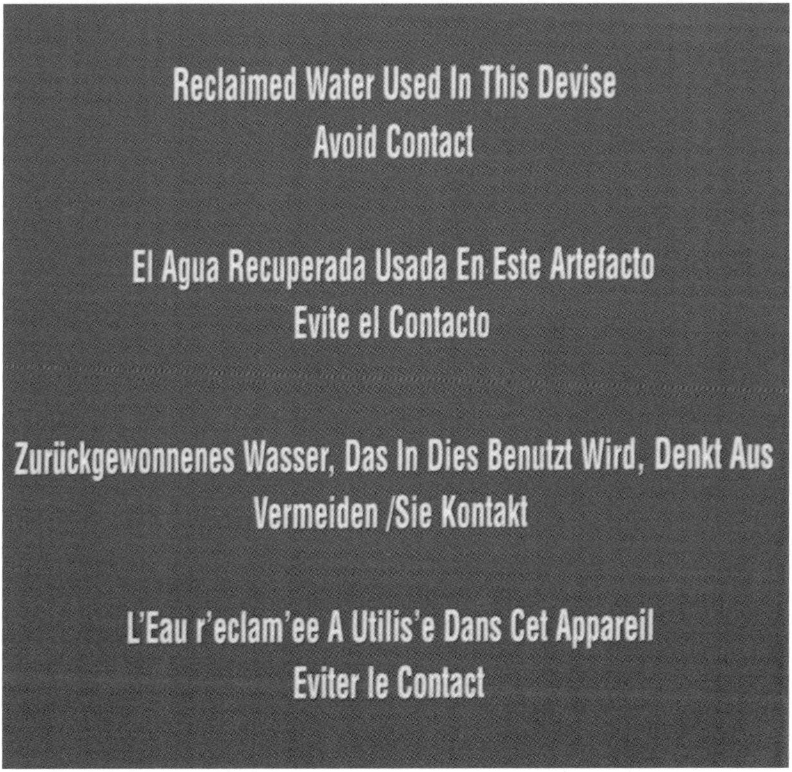

Grand Canyon, USA

DIE WASSERWIEDERAUFBEREITUNG ist eine Wissenschaft für sich. In den USA ist man schon so weit, dass verloren geglaubtes Wasser zurückgewonnen wird und dabei ein Bewusstsein entwickelt – es denkt sich offenbar etwas aus. Nicht auszudenken, was passieren würde, wenn Menschen damit in Kontakt kämen. Der Fehler entstand durch die an sich richtige Aufbereitung eines falsch geschriebenen englischen Wortes (device: Apparat, devise: erdenken).

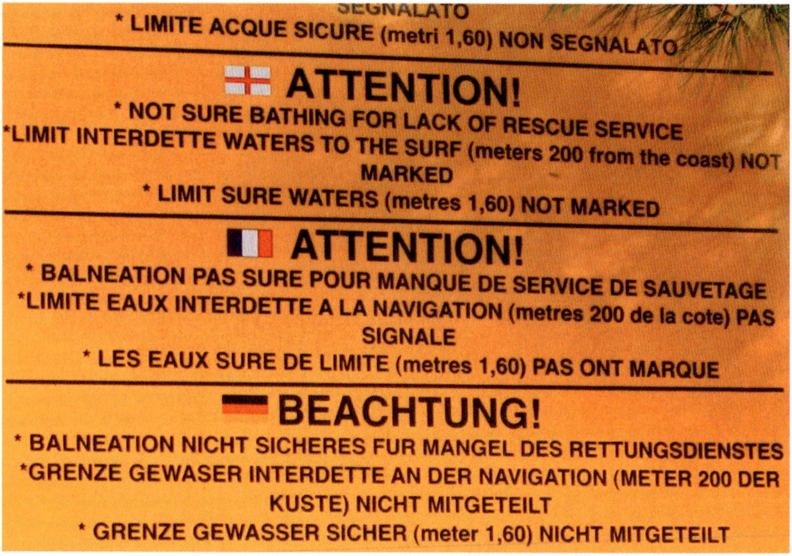

Willy Bachmann

1 *Gargano, Italien*

Karin Löscher

2 *Olonne-sur-Mer, Frankreich*

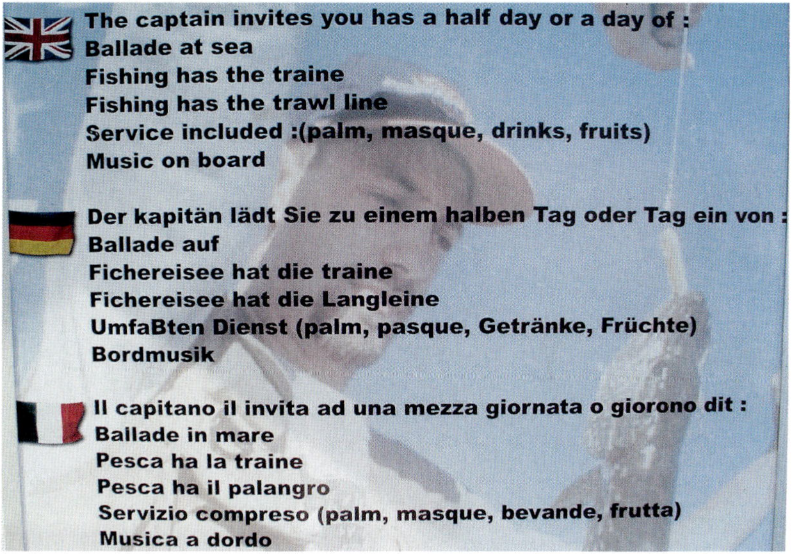

Stephanie Baumgärtler

3 *Hammamet, Tunesien*

1 BEACHTUNG, Beachtung, eine Durchsage: Wegen Mangel des Übersetzungsdienstes ist Grenze Textes der Verständlichkeit nicht mitgeteilt. Da gefährliche Sprachströmungen den Sinn des Gemeinten komplett wegreißen können, sollte man an diesem Strand vorsichtshalber besser nicht ins Wasser gehen.

2 FALLS an diesem Strando ein Schwimmo vor dem Ertrinko gerettet wird, hat er es nicht weit zur Hilfostelle. Dort wartet der Bademeisto mit einer Supo-Schnello-Hilfo. Die Rettungsmethodo heißt Rehungo – eine Kombo aus Beatmo, Reanimatio und Hungostillo. Alles klaro?

3 DAS SCHEINT ein sehr interessanter Bootsausflug zu sein: Auf dem Programm stehen „Fichereisee hat die traine“, „Fichereisee hat die Langleine“, dazu spielt auch noch die Bordmusik. Nicht übel. Aber warum bekommen Briten und Italiener „masque“, Deutsche aber „pasque“? Dann vielleicht doch lieber nur einen halben Tag.

Sikkim, Indien

Heike Braun

TREKKING in Sikkim kann ein Abenteuer sein. Hitze, Höhe und indische Küche führen oft zu gesundheitlichen Problemen, die sich auf den Magen-Darm-Bereich konzentrieren. Schilder wie dieses sind im Notfall aber keine große Hilfe. Wo bitte liegt Toylate? Oder heißt es „Warum nach Toylate?"? Bevor man darauf kommt, dass die Toilette gemeint ist, kann es „way too late" sein – viel zu spät.

Stefanie Reithmeier

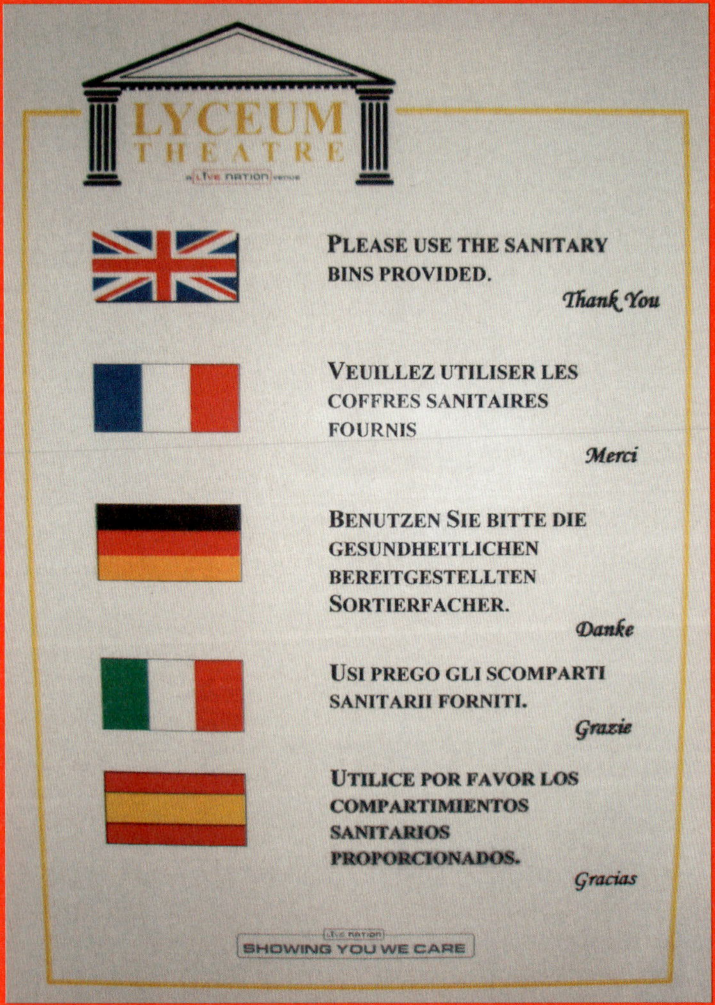

1 London, Großbritannien

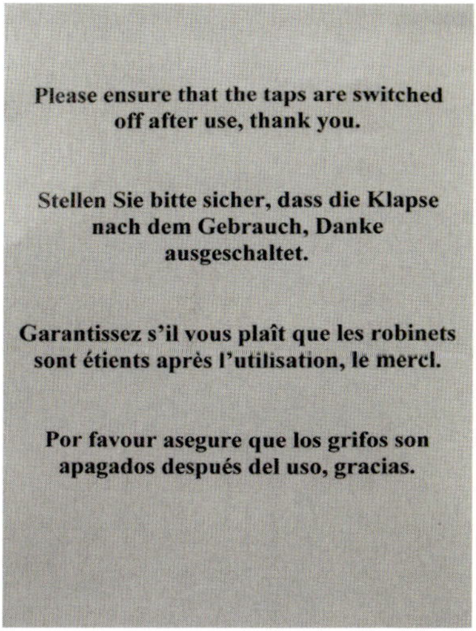

Alexandra Baecker

2 *Oban, Schottland*

1 IM LYCEUM THEATRE in London sind sehr spezielle Toilettenregeln zu befolgen. Gäste werden gebeten, die „gesundheitlichen bereitgestellten Sortierfächer" zu benutzen, was auf Dauer auch nicht so gesund sein kann. Vernünftiger wäre es wohl, den Abfalleimer für Hygieneartikel (sanitary bin) zu verwenden – ein klassischer Fall, bei dem ein Substantiv im Sortierfach für Adjektive gelandet ist.

2 WER LÄNGER über den Satz nachdenkt, der auf diesem Schild steht, dreht wahrscheinlich irgendwann durch. Was soll man bitte sicherstellen? Und warum ist der Dank ausgeschaltet? Bevor jemand mit einem Knoten im Sprachzentrum in der Klapse landet, hier die Erklärung: Die Klapse sollen Wasserhähne sein. Verrückt.

Heiko Steingräber

1 *Fiascherino, Italien*

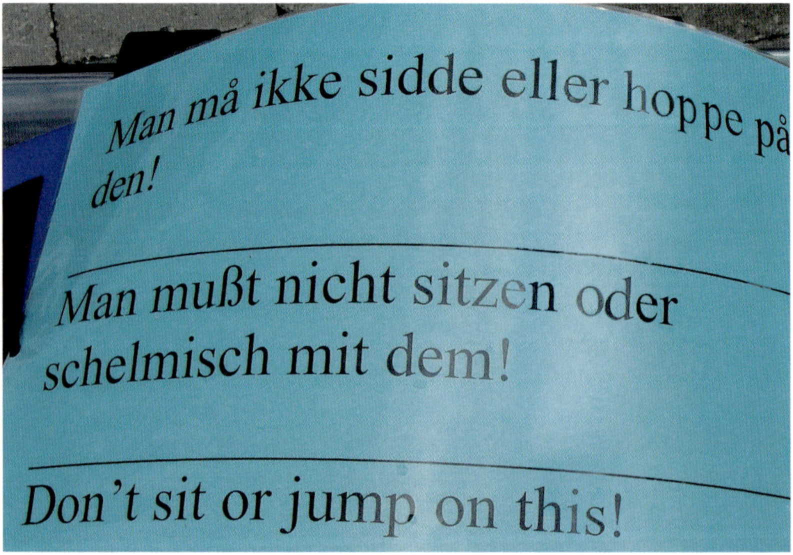

Henrik Pfaffenbach

2 *Marielyst, Dänemark*

Christine Meinhard

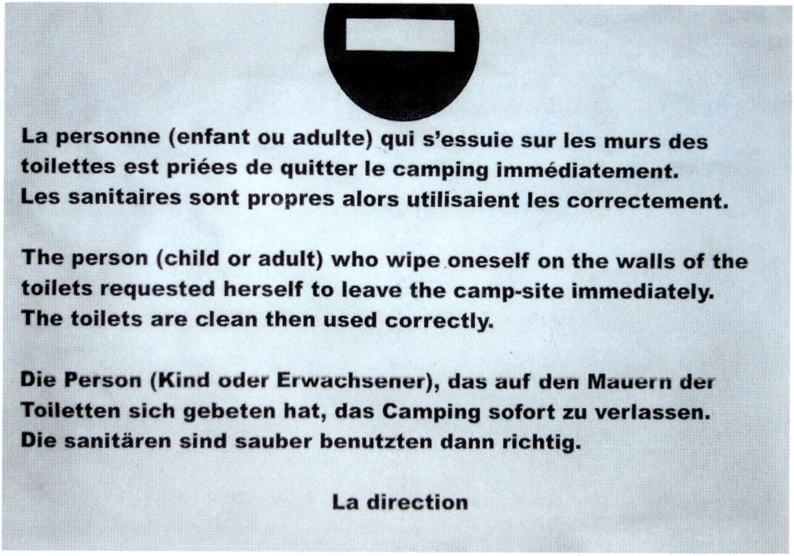

3 *Oye-Plage, Frankreich*

1 FÜR MANCHE Touristen gibt es nichts Schöneres: An einem Strand unter einer Freiluftdusche stehen und sich mit Schwefelseife einreiben. Dufte! Den Italienern stinkt das natürlich. „Badesiefe“ und „Schwefelseife“ am Strand benutzen? Nein! Naien! Na-hein und nochmals Naien.

2 DAS SCHILD bezieht sich auf ein Kanu, das vor einem Sportgeschäft liegt. Ein Schelm, wer Böses dabei denkt, aber anscheinend gibt es eine ganze Menge Kanu-Schelme. Denn sonst wäre es nicht nötig, darauf hinzuweisen, dass man nicht schelmisch sein muss mit dem – äh, Dings. Auf Dänisch klingt das Wort „hoppe“ (hüpfen) tatsächlich schelmisch.

3 TOILETTENBESUCHE auf Campingplätzen sind eine Wissenschaft für sich. Profis gehen nachts mit Stirnlampe, Klopapier und Gummischuhen aufs Klo. Bei Anfängern läuft oft etwas schief, aber wenn sich eine Person selbst auf den Mauern der Toilette bittet, den Campingplatz zu verlassen, ist die Sache komplett in die Hose gegangen. Die korrekte Übersetzung wäre richtig eklig: Leute, die ihren Hintern an der Wand der Toilette abwischen, müssen den Campingplatz verlassen.

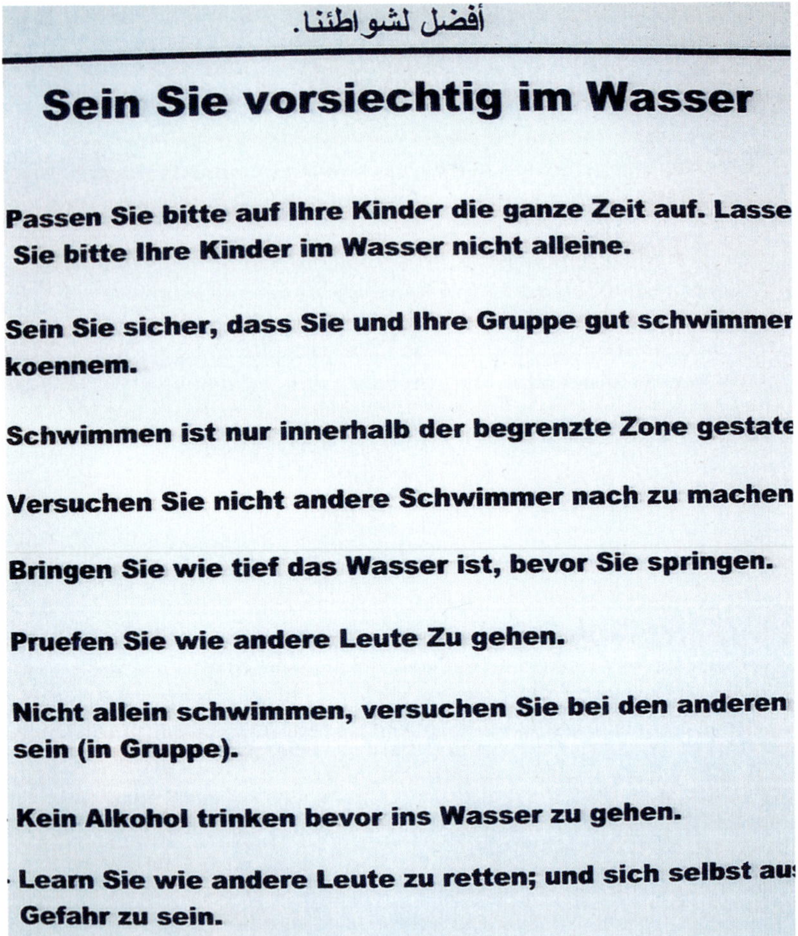

Sylvia Belotti

Port El Kantaoui, Tunesien

DIE VORSICHTSMASSNAHMEN beim Baden gehen schon an Land los: „Pruefen Sie wie andere Leute Zu gehen." Im Wasser ist Nachahmen allerdings verboten: „Versuchen Sie nicht andere Schwimmer nach zu machen." Auch nicht, wenn sie mit den Armen paddeln und mit den Beinen strampeln – das könnte ein Trick sein.

Beate Buchner

Genua, Italien

AUF EINEM Kreuzfahrtschiff weht meistens eine steife Brise. Starker Wind hat auf diesem Warnschild sogar das wichtigste Wort weggeblasen. Das Adjektiv dagegen war stark genug, um sich halten zu können. Aber kann man gegen starken Wind auf See überhaupt etwas tun? Pustekuchen.

Petra Schüler

1 *Capileira, Spanien*

Ulf Lembcke

2 *Etang de Hanau, Frankreich*

1 ZEITERSPARNIS ist heutzutage sehr wichtig. Warum duschen, rasieren, Zähne putzen, kämmen und dann erst Kaffee trinken? Das geht doch alles gleichzeitig! Unter der Brause lässt sich der Rasierschaum super aufschäumen, das Zahnputzwasser kann man als Duschgel verwenden – und mit dem „Duschkaffe" aus der Tüte, der einfach mit heißem Wasser aufgegossen wird, geht das Frühstück viel schneller als in der Küche. Das schmeckt nicht? Na gut, das nimmt der Übelsetzer, der das Doppel-F mit dem Doppel-P verwechselt hat, auf seine Kappe.

2 SCHLAFEN ist verboten im Wachraum, das ist klar. Aber gilt das nur für Wachposten oder auch für Waschfrauen? Im Dialekt Lothringens gefragt: Wasch isch da losch? Wie esch scheint, wurde im Wachraum nicht ordentlich aufgepasst und aus Verschehen ein S weggewaschen. Sauber bzw. schauber.

Peter Meinig

Kalabrien, Italien

KALABRIEN ITALIEN

Gastronomie

Die Etimologie des Wortes Gastronomie, Kunst, den Magen regeln, es paßt mehr als jede andere Erklärung, zu ihnen die Güte von den kalabrischen Produkten und den gebundenen Rezepten hervorzuheben, in Basis zu einer gesunden Tradition, daß es den Geschmack hervorhebt und es unterstreicht die Freude des Tisches. Die Vielfalt der Bebauungen genehmigt eine Vielfalt von Verwendungen, die nicht sich entfernt, aber von der seit Jahrhunderten überlieferten Einfachheit und hebt in den starken und entschieden Geschmäcken des mediterranen Klimas hervor. Zur Besonderheit von Elementen Basis welch Öl, das Obst, der Fisch, die Eingeweide die Pilze gesellen sich Phantasie und Erfahrung, daß, schließt dem Gebrauch von Aromen und Gewürze welchen Origano an, Knoblauch, Paprikaschoten charakterisiert flach, daß sie ins gleiche Zeit unverkennbare, entschieden und zarte Geschmäcke schenken, gepasst, zu die anspruchsvollsten Gaumen befriedigen.

WAS IST beim Essen wichtiger – die Freude des Tisches oder des Gastes? In Kalabrien, wo es eine Kunst ist, den „Magen zu regeln“, geht es um den Tisch und „die Vielfalt der Bebauungen“, wie es in dieser Erklärung des Begriffes „Gastronomie“ heißt. Eingeweide und Pilze gesellen sich zu Fantasie und Erfahrung, und so kommt eins zum anderen, bis das Ganze sprachlich absolut ungenießbar ist.

Köstlich, köstlich

„Ameisen am Baum“, „Vermummte Garnelen“, „Auge Steakleiste“ – manche Restaurants bieten so gruselige Gerichte an, dass es einem als hungriger Tourist angst und bange werden kann. Vorsichtshalber reichen besorgte Wirte „Fisch mit Riechfläschchen“ – falls ein Gast in Ohnmacht fällt. Die andere Möglichkeit, kulinarische Schockerlebnisse zu vermeiden, wäre allerdings weitaus effektiver: einfach die Speisekarte ein bisschen verständlicher übersetzen.

Gabriele Goffriller

Wien, Österreich

DIE SITTEN auf dem Wiener Naschmarkt scheinen immer mehr zu verrohen. Ein unverschämter Gemüsehändler bietet „hurige" Kartoffeln feil, auch „spegige" Ackerfrüchte gibt es an seinem Stand zu kaufen. Es handelt sich aber nicht um käufliche Kartoffelliebe, sondern um heuriges Gemüse – also um junge Kartoffeln.

Marc Becker

Köln, Deutschland

DIE CHINESISCHE Naturheilkunde kann wahre Wunder bewirken. Ein paar Gramm vom bewahrenden Rettich pro Tag – das verhindert angeblich die Bildung von Runzeln und Falten, bremst den Haarausfall und verlängert das Leben um Jahre. Wer den Beipackzettel genau liest, muss konservativ feststellen, dass es sich lediglich um konservierten, nicht um konservierenden Rettich handelt.

Stefan Bertelmann

1 *Prag, Tschechien*

Marion Steitz-Hrabal

2 *Islantilla, Spanien*

Inga Kruse

3 *Isla Margarita, Venezuela*

1 DAS ECHTE Mundbrötchen ist im Vergleich zum falschen ein echter Hammer. Hervorzuheben ist der „uneiederstehliche Geschmack", der von der Kartoffelsalat-Salami-Mischung herrührt. Die Echtheit des Mundbrötchens zweifelt man allerdings an, wenn man die englische Version bestellt – dort finden sich mindestens drei Unterschiede zum deutschen, vom Schinken über das geräucherte Fleisch bis zu den Pickles.

2 IN EINEM Teich ergeht es dem Fisch ähnlich wie in einer Eintopfschüssel: Er ist zusammengepfercht mit Wassertieren, und es gibt kein Entrinnen. Der Unterschied zwischen Teich und Topf ist klein, aber fein. In der Zarzuela leben die Tiere nicht mehr, dafür schmecken sie besser.

3 BEI DIESER unreifen Übersetzungsleistung haben wir es mit mehreren unzutreffenden Verallgemeinerungen zu tun. „Verdura" bedeutet im Spanischen „Gemüse", aber auch „Grünzeug". Dieses kann man ins Englische übertragen mit „greenness" – was aber auch „Unreife" sein kann. „Crema" ist eine „Creme", wenn man das Wort aber als Verb (cremar) übersetzt, kommt das Gericht „Es äschert von Unreife ein" heraus.

Masuren, Polen

Anne Mählmann

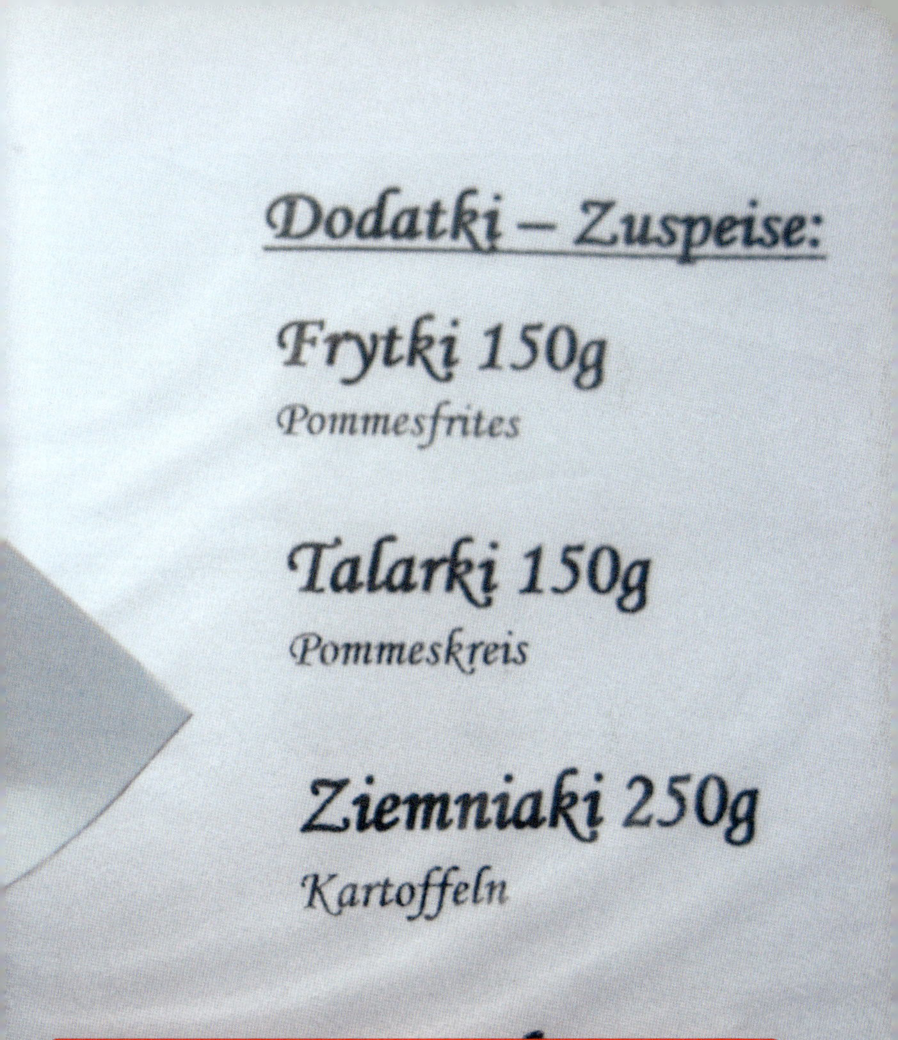

FÜR TOURISTEN sind die Essrituale in Polen manchmal schwer verständlich. Allein bei der Wahl der frittierten Kartoffeln kann vieles schiefgehen. Fritten sind nicht gleich Fritten. Wie kommt man als Fremder bloß in diesen ominösen, polnischen Pommeskreis? Um in einen so exklusiven Zirkel aufgenommen zu werden, muss man nur „Talarki“ bestellen – frittierte Kartoffelscheiben.

Thomas Bredereck

U zaljevu Sepen, na predjelu Mirine udaljenom 2 km od Omišlja, nalaze se ostaci ranokršćanske bazilike iz 5. st., i rimskoga municipija Fulfinuma.
In der Bucht von Sepen, im Gebiet von Mirine, 2 Kilometer von Omišalj entfernt, findet man die Reste eines frühchristlichen Basilikums aus dem 5.Jahrhundert und des römischen Municipiums Fulfinuma.
Nel golfo di Sepen, nella frazione di Mirine, distante soli 2 km da Omišalj, si trovano i resti di una basilica paleocristiana del 5 secolo e del municipio romano di Fulfinum.
The remnants of an Early Christian basilica from the 5th century and the Roman Municipality of Fulfinum are found in the Sepen Bay, in Mirine, located 2 km from Omišalj.
V zálivu Sepen, v oblasti Mirina, vzdáleném 2 km od Omišalje, se nachází zbytky raněkřesťánské baziliky z 5. st. a římského municipia Fulfinuma.

1 *Sepen, Ungarn*

Sieghard Losert

2 *Thassos, Griechenland*

1 DIE INSEL Krk hört sich phonetisch knochentrocken an, aber manche Pflanzen gedeihen dort ausgezeichnet. Basilikum etwa, ein empfindliches Kraut, das in nördlicheren Breitengraden jeden Winter eingeht, überdauert dort ganze Jahrzehnte und Jahrhunderte. Dass es an der Bucht von Sepen allerdings Reste eines frühchristlichen Basilikums aus dem 5. Jahrhundert geben soll, ist entweder eine botanische Sensation – oder eine Sprachpanne, und es handelt sich um die steinerne Schwester des Basilikums, die Basilika.

2 WÄHREND SICH andere Restaurants einer besonders frischen Küche rühmen, wirbt die Taverne Mirtia auf einem sehr schönen, alten Holzschild für alte vergessene Gerichte. Hat der Koch das alte Zeug so lange im Ofen vergessen, dass sich Schimmel gebildet hat? Nein, er will kulinarisch an die alte vergessene Geschichte der Insel erinnern. Auf Thassos sollen schon vor 8000 Jahren Siedlungen existiert haben, möglicherweise machte damals schon die erste prähistorische Kneipe auf.

Marc Dähmlow

1 *Timişoara, Rumänien*

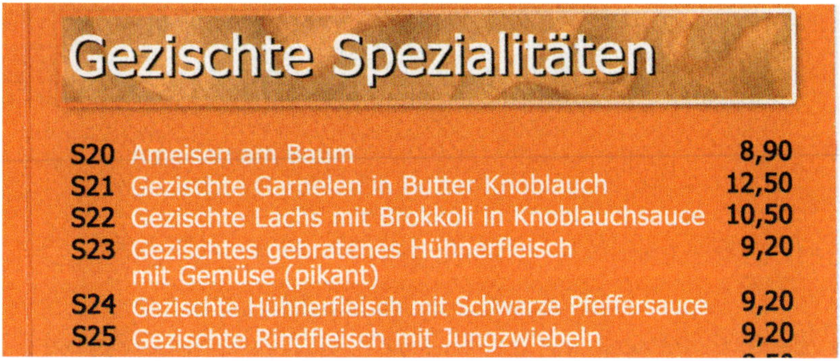

Mirjam Harmtodt

2 *Wien, Österreich*

1 IN DIESEM Restaurant gibt es Grieben, saure Kuttelsuppe und andere seltsame Sauereien. Wer solche Sachen suspekt findet, kann ja auf die gegrillten Ersatzrippen zurückgreifen. Das Spezialschwein ist sieben Meter lang und hält für Notfälle in der Küche immer Extrarippen bereit.

2 DIESES ASIATISCHE Restaurant in Wien bietet außer panierten Krebspfoten und anderen ausgefallenen Gerichten auch „gezischte Spezialitäten“ an. Die blitzartige Zubereitung garantiert, dass die Lebensmittel fast lebendig auf den Teller kommen. Das Motto: Aus der Natur zisch auf den Tisch. Lachs und Brokkoli in den Wok – zisch – fertig. Ente und acht Schätze in den Wok – zisch – fertig. Ameisen werden sogar komplett mit Baum serviert – zischer geht’s nicht.

Bernd Jaloszynski

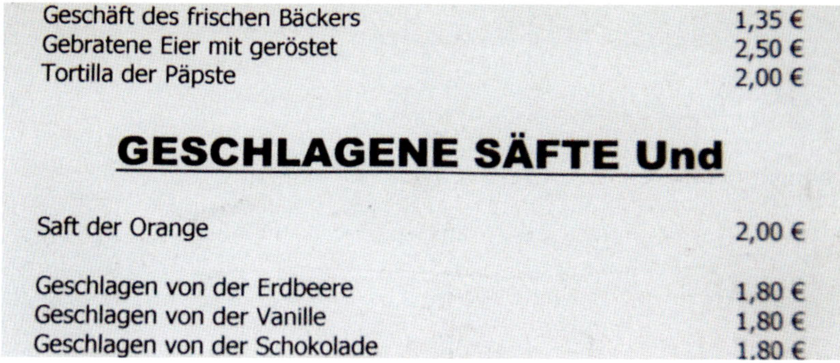

3 *Teneriffa, Spanien*

Martina Granzow

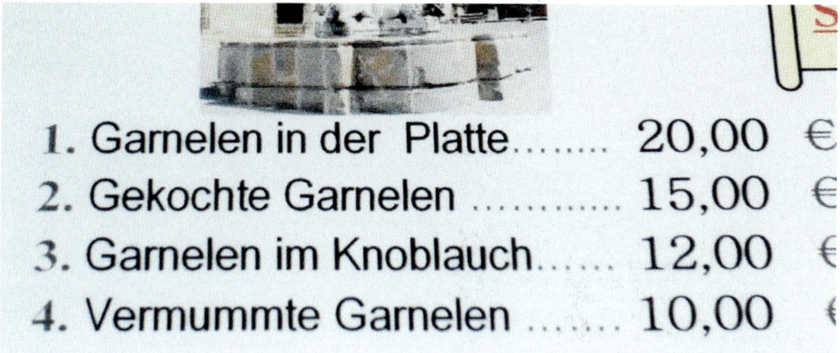

4 *Baeza, Spanien*

3 IN DIESEM INNOVATIVEN Café auf Teneriffa kann sich der Gast Infusionen verabreichen lassen, das Geschäft des frischen Bäckers oder eine Tortilla der Päpste verspeisen. Unter den Säften geht es brutal zu. Der eine wurde von der Erdbeere geschlagen, der andere von der Vanille, nur die Orange präsentiert sich unbesiegt.

4 EIN RESTAURANT, in dem ebenso krasse wie krosse Klassengegensätze herrschen. Das eine Gericht wird fürstlich „vergoldet im Rücken", das andere tritt wie eine autonome Krawallgruppe auf. Die „vermummten Garnelen" sind aber gänzlich unpolitisch und lediglich von einem Knuspermantel umhüllt.

Dhahab, Ägypten

Olivia Bolzer-Stanko

ES IST zu begrüßen, wenn Milch ein Datum hat. Dann weiß der Verbraucher, wann sie nicht mehr genießbar ist. Wer das Datum allerdings zusammen mit der Milch schluckt, hat hinterher keine Ahnung mehr über den genauen Zeitpunkt des Ablaufs. Was hier falsch gelaufen ist? Die Übertragung der Dattel (englisch ebenfalls „date“) ins Deutsche.

Sigrid Wille

1 Mainau, Deutschland

Marc Brandt

2 *Peñiscola, Spanien*

1 TARTUFO ist eigentlich eine extrem leckere italienische Nachspeise. Manchmal schmeckt das Zeug allerdings ein wenig eisern, denn Tartufo „kann Schienen anderer Milch im Oberteil enthalten". Die harten Bestandteile kommen aus der englischen Übersetzung: „Traces" sind keine Schienen, sondern Spuren.

2 DIE ITALIENISCHE Eisenindustrie ist legendär. In einem Dorf in den Dolomiten wurde im 19. Jahrhundert die Technik erfunden, aus Erz und Früchten kleine Eisenkugeln in vielen Farben herzustellen. Mit kleinen Eisenkarren und später mit der Eisenbahn eroberten die italienischen Eisenhändler die ganze Welt, auch Spanien. Wie, das stimmt gar nicht? Na gut, eiskalt erwischt. Es ist viel härter: Mit eisenharter Sprachgewalt hat ein rücksichtsloser Eishändler die Mehrzahl von Eis geformt.

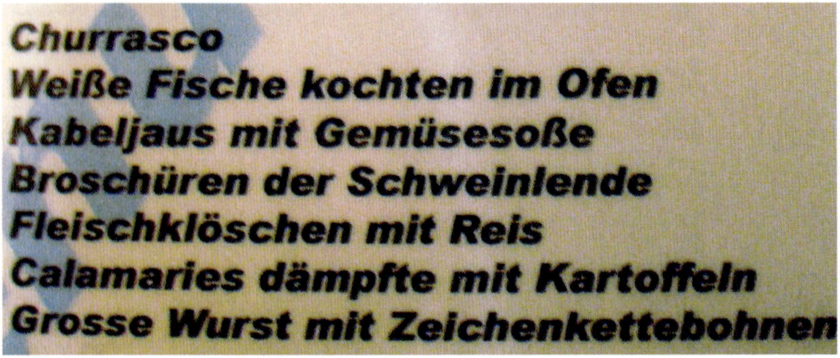

Nina Lickes

1 *Barcelona, Spanien*

Christoph Lerch

2 *Nîmes, Frankreich*

1 **DASS DIE ERBSEN** etwas übersprangen und die Schweinelende aus einer Broschüre stammt, muss kein schlechtes Zeichen sein. Was aber ist eine große Wurst mit „Zeichenkettebohnen"? Eine Verkettung unglücklicher Umstände: Grüne Bohnen heißen auf Englisch „string beans", und ein „string" ist eine Zeichenkette – allerdings nur im Zusammenhang mit Informatik, nicht mit Wurst.

2 **WIE ISST MAN** wohl stilgerecht eine Stierküste? Da sieht der Tourist so schnell kein Land auf dem Teller. Denn „côte" hat im Französischen uferlos viele Bedeutungen: Hang, Kotelett, Küste, Rippe. Im Zusammenhang mit dem gebratenen Stier ist meistens die Hochrippe gemeint – aber das war dem Übersetzer vielleicht zu hoch.

Wolfgang Röhrich

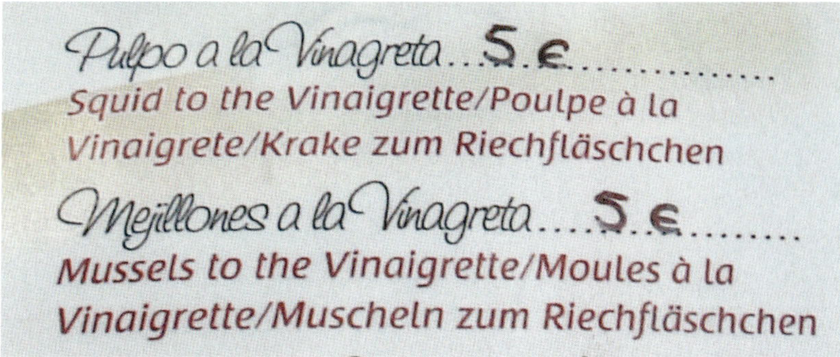

3 *Altea, Spanien*

Silvia Romero

4 *Zürich, Schweiz*

3 WENN FISCH nicht mehr frisch ist, riecht er stark fischig. Dieses Restaurant serviert Fischgerichte deshalb vorsichtshalber mit Riechfläschchen. Der Übersetzungsfehler kommt aus dem Englischen: „Vinaigrette" ist dort nicht nur eine Essigsoße, sondern auch die Bezeichnung für ein Riechfläschchen.

4 EIN THAI-RESTAURANT in Zürich arbeitet mit Zutaten, die man sonst selten auf den Teller bekommt. Kenner schwören auf das Mas Sa Man Curry, denn es wird in einer euphorisierenden Soße gekocht. Normale Kokosmilch wird so lange bei mittlerer Hitze gerührt, bis ein O und ein I verdampft sind und „Koksmich" übrig bleibt.

Haimo Pölzl

Samos, Griechenland

Wie das ABC leicht...

Die Gemüse öffnen und ihre Inhälte entleeren. Die Krume der Tomaten entziehen und auf dem Reibeisen vergittern, die Zwiebel und Petersilie fein zerschneiden, den Salz, Pfeffer, Minz, Öl alles zusammen einwerfen und mit dem Reis einmischen. Zu jeder mittelmässigen Tomate, Flaschenkürbis oder Pfefferb. entsprechen zwei Löffelvolle von Erfüllung.
Im Offen für ungefähr 1 $^1/_2$ Stunde zu backen.

DAS ABC IST LEICHT, allerdings nicht für Analphabeten. So ist es auch mit dem Gemüse-ABC. Wer keine Ahnung hat, wie man die Krume der Tomate auf dem Reibeisen vergittert, der tut sich anschließend auch schwer mit dem Veredeln der mittelmäßigen Tomaten. Für Koch-Deppen hier ein kleiner Hinweis: Die Krume ist die Haut der Tomate, und „auf dem Reibeisen vergittern“ ist ein Fachausdruck für „passieren“.

VALENCIA CLUB DE FUTBOL
S.A.D.

Avda Aragon. 3
Tel. (96) 360 05 5
Fax (96) 361 12 3
46010 VALENCI

U.E.F.A CUP SPIEL VALENCIA C.F. - SCHALKE 04.

Valencia, Spanien

BESUCHERS

MIT MOTIV AUF DER SPIEL DASS IST NÄCHTEN DIENSTAG IN UNSERE STADION AUF MESTALLA, WIR WOLLEN UNSEREN NORMEN GEBEN DASS SIE MACHEN MUSSEN, DIESE SIND VON U.E.F.A. VOR DER ORDNUNG HABEN, UND DER NORMEN SIND DIESE :

- ES IST VERBOTEN WERFEN SACHEN IN DER STADION WIE FLASCHEN, ODER FEIER SACHEN.
- ES IST VERBOTEN WERFEN SACHEN IN DAS FIELD.
- SIE MUSSEN INMER ORDNUNG UND SICHERHEIT HABEN.
- SIE MUSSEN INMER GUTEN SACHEN MACHER FÜR HABEN EINE GUTE SPIEL.
- JEDER SPECTATOR HAST IHRE SELVE REPONSABILITÄTEN FÜR IHRE TEAM.
- BITTE NICHT GEHEN IN DER STADION MIT KEINE VERBOTEN ALCOHOL, KONTROLLIEREN VOR DER SPIEL FANG AN, AUCH VERBOTEN DRUGS.
- WER BRINGT FEIER SACHEN WILL NICHT IN DER STADION BLEIBEN

WIRF KEIN FEIER SACHE MACH EIN GUT UND NETT SPIEL.

EIN FUSSBALLSPIEL im UEFA-Cup ist ein Fest für Fans. Manchmal geht es aber im Stadion nicht mehr feierlich zu, weil die „Besuchers“ „Feier Sachen“ und andere Sachen herumwerfen. Damit es ein „gut und nett Spiel“ wird, gilt folgender Grundsatz für die Fans: „Inmer guten Sachen macher.“

André Stadler

Andere Länder, andere Sitten

Der Tourist sollte grundsätzlich ein großes Verständnis für andere Kulturen haben. Wer sich mental dagegen sperrt, das „Reglement legal über Verkehr am Motor zur Kraft über das Erricheten aus Disposition Ubergänge von diese Norm“ zu kapieren, darf sich nicht wundern, wenn er Ärger mit den Einheimischen bekommt. Passen Sie deshalb immer schön auf und versuchen Sie, die Regeln der Ortsansässigen zu respektieren – auch wenn diese sich total absurd anhören.

Filibert Zabini

Russland – China

EINE ZUGREISE von Russland nach China ist langweilig? Von wegen! Da passiert extrem viel, zum Beispiel passiert man mehrere Zeitzonen. Spannend ist auch die „Grenzkontrolpasirstelle". Was passiert da? Manchmal gar nichts, also versuchen die Reisenden das Passieren zu beschleunigen, mit „Gelg" und „Souveniren". So etwas darf offiziell aber nicht passieren.

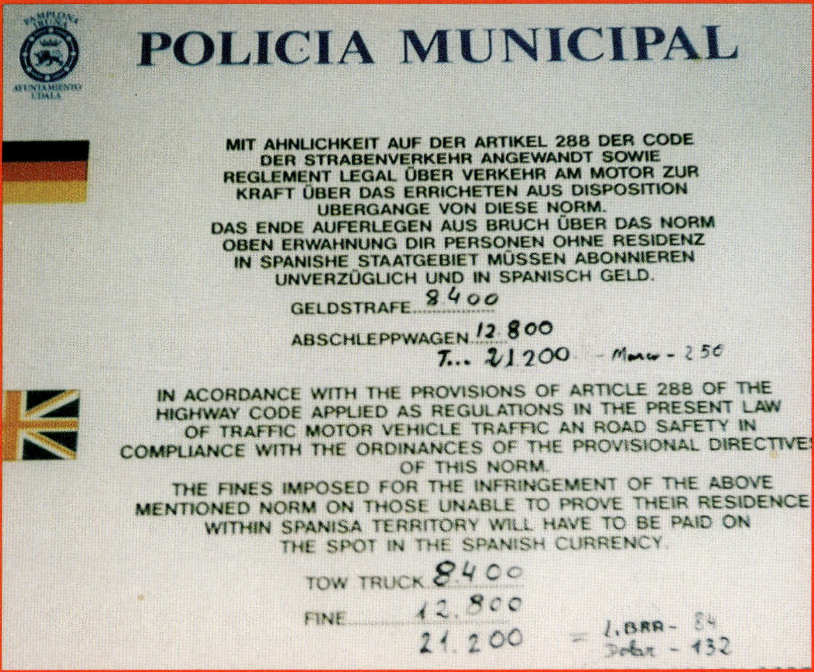

Hans Bauer

Pamplona, Spanien

ALS TOURIST sollte man gewillt sein, das „Reglement legal über Verkehr am Motor zur Kraft über das Erricheten aus Disposition Ubergänge von diese Norm“ zu verstehen. Das ist aber gar nicht so leicht. Personen „ohne Residenz in Spanishe Staatgebiet“ müssen unverzüglich etwas abonnieren – aber was? Die Ähnlichkeit zum Artikel 288 hilft einem auch nicht weiter. Am besten unauffällig wegfahren!

Ras Al Jinz, Oman

Birgit Carstens

SO EIN SCHILDKRÖTENLEBEN kann ganz schön öde sein. Diese ewige Kriecherei. Das dauernde Herumlungern am Strand. Und dann gibt es nicht einmal Kröten-Fernsehen oder sonstiges Kröten-Entertainment. Wohlwollende Touristen bringen den gelangweilten Schildkröten deshalb gern Fotos mit, um die Viecher wenigstens ein bisschen zu zerstreuen. Das ist aber leider verboten! Gleichzeitig ist es auch verboten, wegzubleiben. Ein echter Schildkrötenbürgerstreich.

Kurt Grünenfelder

1 *Fort La Latte, Frankreich*

Gabriele Temmen

2 *Torri del Benaco, Italien*

Peter Leitermann

3 *Fuerteventura, Spanien*

1 HIER WIRD'S mathematisch: Minus mal minus gibt plus. Minus mal minus mal minus müsste wieder minus sein. Gilt das auch für die doppelte und dreifache Verneinung? Bedeutet das Schild man soll Wertgegenstände im Auto lassen und den Parkplatz nicht beaufsichtigen? Nein, nein und nochmals nein: Auf dem Parkplatz gehen nämlich Männer mit Ringelhemd, Baskenmütze und Sonnenbrille um, die Rohrzangen und Kassen herumtragen.

2 IN DEUTSCHLAND wird immer noch darüber diskutiert, ob ein Tempolimit auf Autobahnen sinnvoll wäre. Andere Länder sind da viel weiter. In Italien zum Beispiel wird die Geschwindigkeit der Autos nicht mehr per Warnschild limitiert, sondern elektronisch kontrolliert. Der Autofahrer kann gar nichts dagegen tun, dass die von der Polizei ausgesendeten Elektronen die Raserei stoppen.

3 WAS WÜRDE MAN im Notfall mitnehmen von all dem Zeug, das man besitzt? Vor allem Wertgegenstände? Persönliche Dinge? Erinnerungsstücke? Am besten alles zusammen: „Persönlichendingenstände".

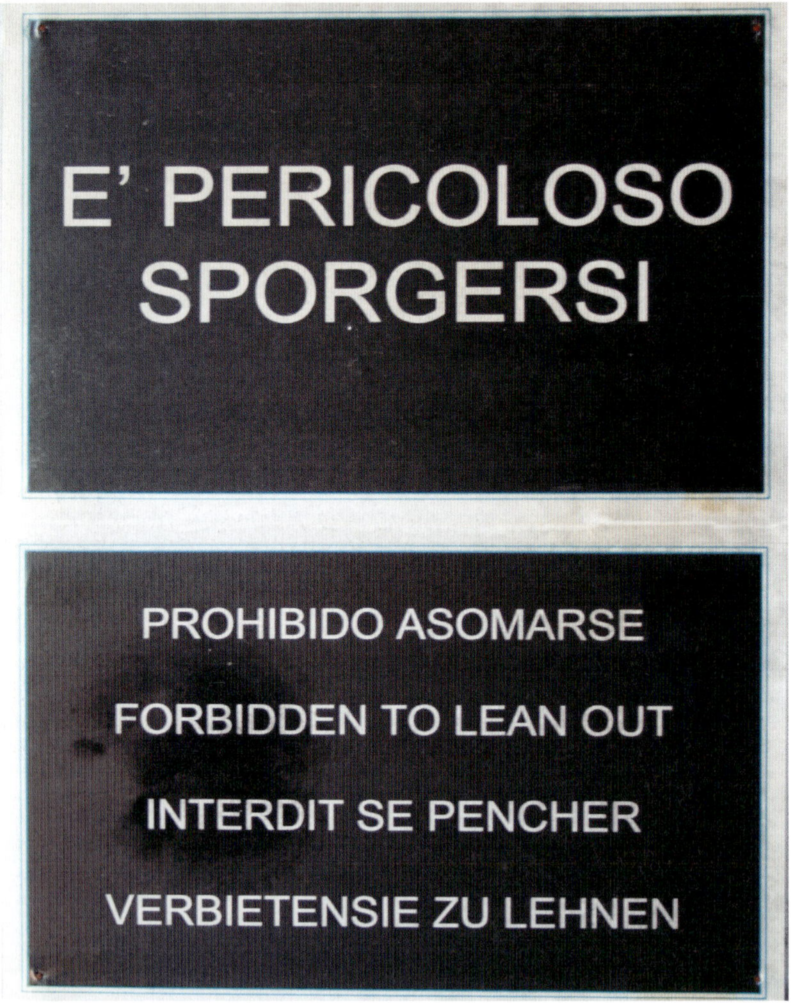

Dieter Steckenborn

Neapel, Italien

IN DIESEM ZUG gelten Verbote nicht für alle Nationalitäten. Auf Italienisch heißt es nur, es sei gefährlich, sich aus dem Fenster zu lehnen. Spaniern, Engländern und Franzosen ist es verboten. Von den Deutschen wird erwartet, dass sie gar nicht auf lehnende Ideen kommen und stattdessen anderen das Lehnen verbieten.

Andreas Oeldemann

El Verger, Spanien

DAS SPANISCHE WORT „tocar" hat ganz viele Bedeutungen. Hier eine kleine Auswahl: anfassen, berühren, betasten, blasen, läuten, schlagen, spielen. „Hängen" ist nicht dabei, aber genau dieses Verb haben sie für dieses empfindliche Glas ausgesucht. Warum? Das bleibt völlig undurchsichtig.

Teneriffa, Spanien

Hannah Schaffrath

WIE GERN WÜRDE man sich bei diesem hübschen Weg eintragen, bestimmt liegt hinter dem Zaun ein Gästebuch aus. Geht aber leider nicht, wegen der Arbeit. Was eigentlich auch nicht geht: Im englischen Wörterbuch haben die Verfasser dieses Schildes aus den vielen Eintragungen bei „entry“ ausgerechnet die unwahrscheinlichste Übersetzung ausgewählt.

Martin Haller

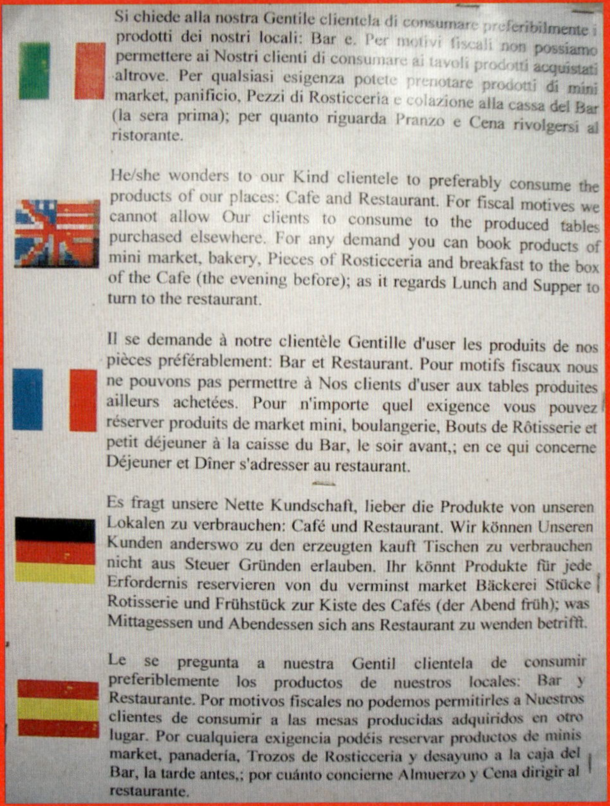

Si chiede alla nostra Gentile clientela di consumare preferibilmente i prodotti dei nostri locali: Bar e. Per motivi fiscali non possiamo permettere ai Nostri clienti di consumare ai tavoli prodotti acquistati altrove. Per qualsiasi esigenza potete prenotare prodotti di mini market, panificio, Pezzi di Rosticceria e colazione alla cassa del Bar (la sera prima); per quanto riguarda Pranzo e Cena rivolgersi al ristorante.

He/she wonders to our Kind clientele to preferably consume the products of our places: Cafe and Restaurant. For fiscal motives we cannot allow Our clients to consume to the produced tables purchased elsewhere. For any demand you can book products of mini market, bakery, Pieces of Rosticceria and breakfast to the box of the Cafe (the evening before); as it regards Lunch and Supper to turn to the restaurant.

Il se demande à notre clientèle Gentille d'user les produits de nos pièces préférablement: Bar et Restaurant. Pour motifs fiscaux nous ne pouvons pas permettre à Nos clients d'user aux tables produites ailleurs achetées. Pour n'importe quel exigence vous pouvez réserver produits de market mini, boulangerie, Bouts de Rôtisserie et petit déjeuner à la caisse du Bar, le soir avant,; en ce qui concerne Déjeuner et Dîner s'adresser au restaurant.

Es fragt unsere Nette Kundschaft, lieber die Produkte von unseren Lokalen zu verbrauchen: Café und Restaurant. Wir können Unseren Kunden anderswo zu den erzeugten kauft Tischen zu verbrauchen nicht aus Steuer Gründen erlauben. Ihr könnt Produkte für jede Erfordernis reservieren von du verminst market Bäckerei Stücke Rotisserie und Frühstück zur Kiste des Cafés (der Abend früh); was Mittagessen und Abendessen sich ans Restaurant zu wenden betrifft.

Le se pregunta a nuestra Gentil clientela de consumir preferiblemente los productos de nuestros locales: Bar y Restaurante. Por motivos fiscales no podemos permitirles a Nuestros clientes de consumir a las mesas producidas adquiridos en otro lugar. Por cualquiera exigencia podéis reservar productos de minis market, panadería, Trozos de Rosticceria y desayuno a la caja del Bar, la tarde antes,; por cuánto concierne Almuerzo y Cena dirigir al restaurante.

Sizilien, Italien

AUF DIESEM CAMPINGPLATZ auf Sizilien gelten Restaurant-Regeln, die schwer zu verstehen sind. Es ist offiziell erlaubt, „Stücke", eine Bäckerei und „Frühstück zur Kiste des Cafés" im Lokal zu verzehren – allerdings nur am frühen Abend. Dagegen ist es streng verboten, „anderswo zu den erzeugten kauft Tischen zu verbrauchen". Trauen die Sizilianer den Touristen sogar zu, dass sie Tische mampfen? Es sollte heißen: Mitgebrachte Produkte dürfen nicht an den Tischen des Restaurants verzehrt werden. Und die „Kiste" ist eine falsch übersetzte Kasse.

CONDIZIONI:

- I partecipanti costretti a rinunziare all'escursione prima della partenza, hanno diritto al rimborso totale della quota di partecipazione esclusivamente dando disdetta 24 ore prima.
- Il seguente programma può essere modificato per causa di forza maggiore (Ingresso visita alla Grotta, e del tour dell'isola) senza rimborso della quota di partecipazione.
- L'ingresso per la visita alla Grotta è facoltativo ed a carico dei partecipanti.

CONDITIONEN:

- Die Teilnehmern, die nicht an den Ausflug vor dem Abfahrt teilnehmen können, der einzigen Gesellschaftsanteil zurück bekommen werden, aber nur ob die Kündigung ist 24 Stunden vor dem Abfahrt.
- Der Programm kann Veränderungen vorsehen (Eingang in die Grotte und Rundfahrt der Insel) ohne Erstattung des Gesellschaftsanteil.
- Der Besichtigung der Grotte ist fakultativ und eine Last den Teilnehmern.

Kathrin Lambertz

Sorrent, Italien

EIN AUSFLUG NACH CAPRI ist eine Riesensache, aber auch ganz schön anstrengend. Die Besichtigung der berühmten Grotten etwa ist oft keine Lust, sondern „eine Last den Teilnehmern". Eigentlich nett, dass der Veranstalter vor dem Stress warnt – dann kann man noch rechtzeitig von der Fahrt zurücktreten, um den „Gesellschaftsanteil" zurückzubekommen. Die „Last" (carico) fällt aber vor allem finanziell ins Gewicht, ebenso wie der „Gesellschaftsanteil", die man beide als Kostenbeitrag übersetzen könnte.

Walter Aigner

1 *Bevagna, Italien*

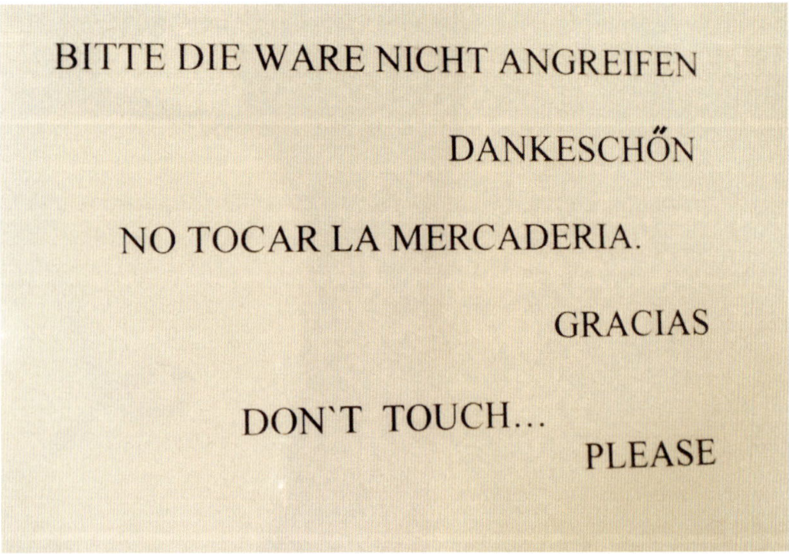

Daniela Kraus

2 *Villa General Belgrano, Argentinien*

Alois Ackermann

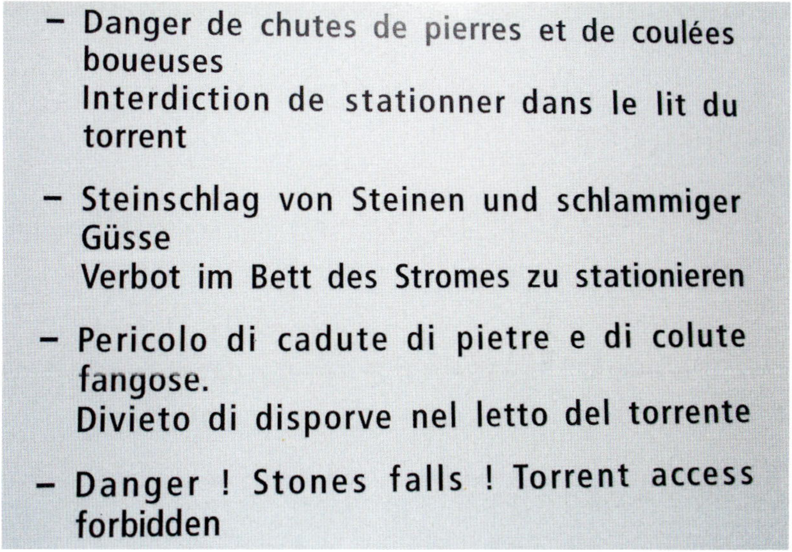

3 *Arolla, Schweiz*

1 DIESE ÜBERSETZUNG bringt's absolut nicht: „La porta" ist im Italienischen eigentlich die Tür, man kann aber auch absolut alles falsch machen und das Wort als Verb missdeuten. Dann heißt es tatsächlich: Es bringt sie. Das Ergebnis ist eher hart als zart.

2 VILLA GENERAL BELGRANO gilt als „deutscheste Stadt" Argentiniens. Dort gibt es eine Art Oktoberfest, ein „Fest der Wiener Torten" und einige deutsch sprechende Ureinwohner. Offensichtlich gibt es aber auch Probleme mit aggressiven deutschsprachigen Kunden. Die Randalierer greifen an Marktständen die Ware an. Vielleicht liegt das daran, dass die korrekte Benutzung deutscher Wörter immer mehr vom Zahn der Zeit angefasst wird.

3 IM GEBIRGE ist oft mit Steinschlag zu rechnen, ganz selten und extrem gefährlich ist der spezielle „Steinschlag von Steinen". Noch übler ist allerdings der Steinschlag schlammiger Güsse. Beides zusammen ist im Ernstfall schädlicher als falsch formulierte sprachliche Ergüsse – gemeint sind Felsstürze und Schlammlawinen.

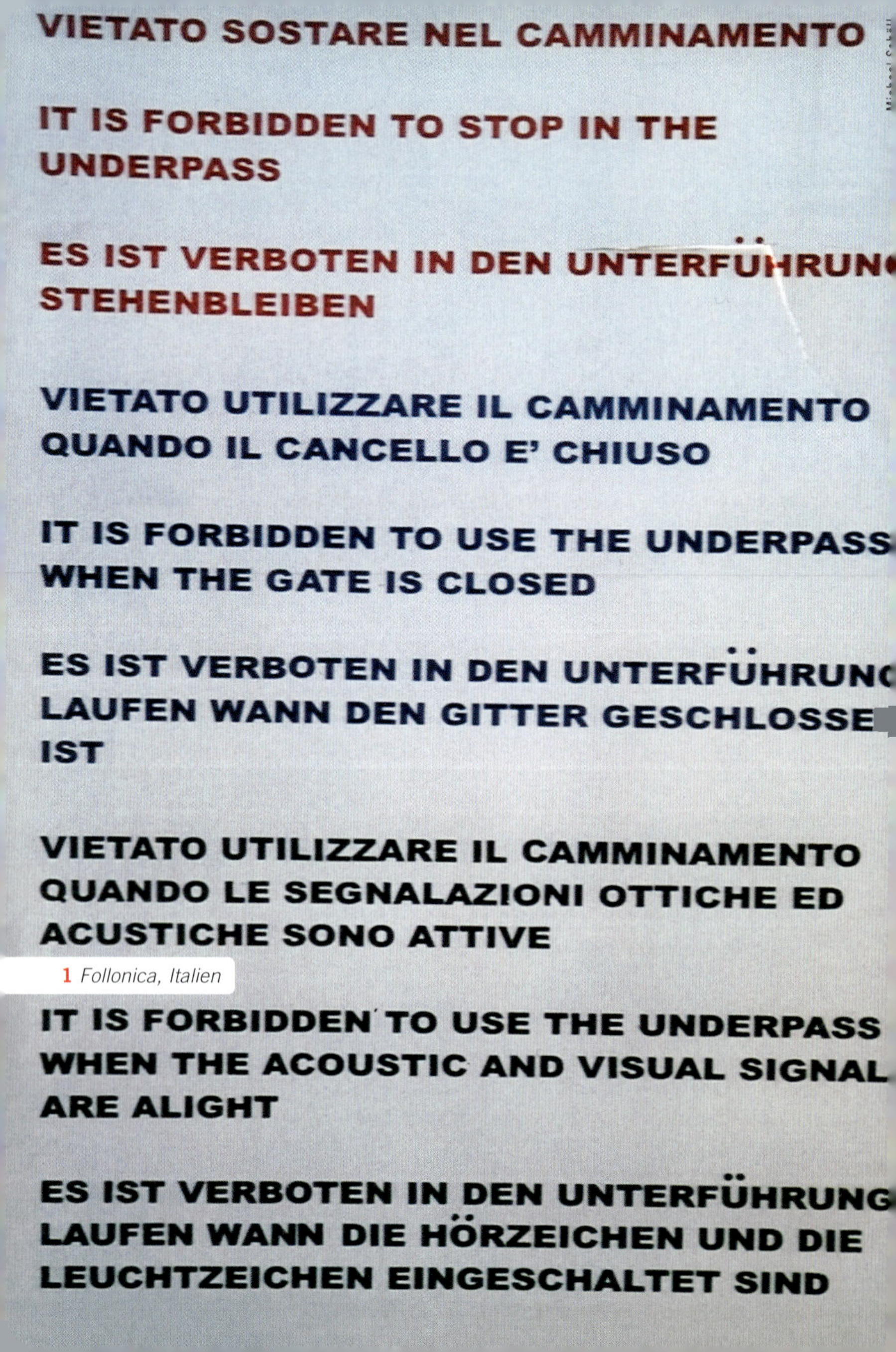

1 *Follonica, Italien*

Christian Dörler

2 *Agde, Frankreich*

1 ES IST NICHT LEICHT, in Follonica Ferien zu machen. Der Badeort in der Toskana wird durch eine Eisenbahnlinie, eine Autobahn und eine Landstraße durchtrennt. Durch die Unterführung könnten Touristen zu einer Ferienanlage gelangen; sie ist aber kein einfaches Schlupfloch: Die Unterführung wird immer wieder vergittert, damit keine Touristen an den Strand kommen können. Hörzeichen und Leuchtzeichen warnen zusätzlich vor dem Betreten der Unterführung. Wer kapieren will, was das soll, muss eine Weile stehen bleiben und das Schild studieren. Leider ist das auch verboten.

2 AUF DIESER IDYLLISCHEN Straße kann man sich allerhand verbotene Spiele vorstellen: ein illegales Federballturnier etwa, Glücksspiel mit Murmeln oder gar eine Gummitwist-Orgie. Geht aber nicht, zählt alles zur Kategorie „verbotene Spile" – dabei sollten nur solche mies übersetzten Schilder verboten werden. Gemeint ist: Spielen verboten – was diese ordentliche Straße nicht sympathischer macht.

Andreas Gripp

OB DIE ALTE SCHEIBE der Heavy-Metal-Band Rainbow zu den Sternstunden der Musikgeschichte zählt, ist unter Fachleuten umstritten. Sprachlich hat es jedenfalls nicht zum Hit gereicht – die Single-Auskopplung „Maybe next time" heißt auf Deutsch „Vielleicht das nachster Zeit". Na ja, vielleicht klappt es mit dem Text das nächster Mal.

Kuriositäten-Kabinett

Im Urlaub begegnet man kuriosen Dingen. „Dummkopfcreme“, „Pickel“, „Erdmenschen“ und schicksalhafte Maschinen geben dem Reisenden Rätsel auf. Vielleicht sollte man einfach nicht zu viel darüber nachdenken, sondern sich ganz entspannt nach der Philosophie der Schildkröten richten, die ein Leser auf Korsika entdeckte: Auf dem Schild an ihrem Gehege steht das weise Motto „Um glücklich zu leben, leben zu“.

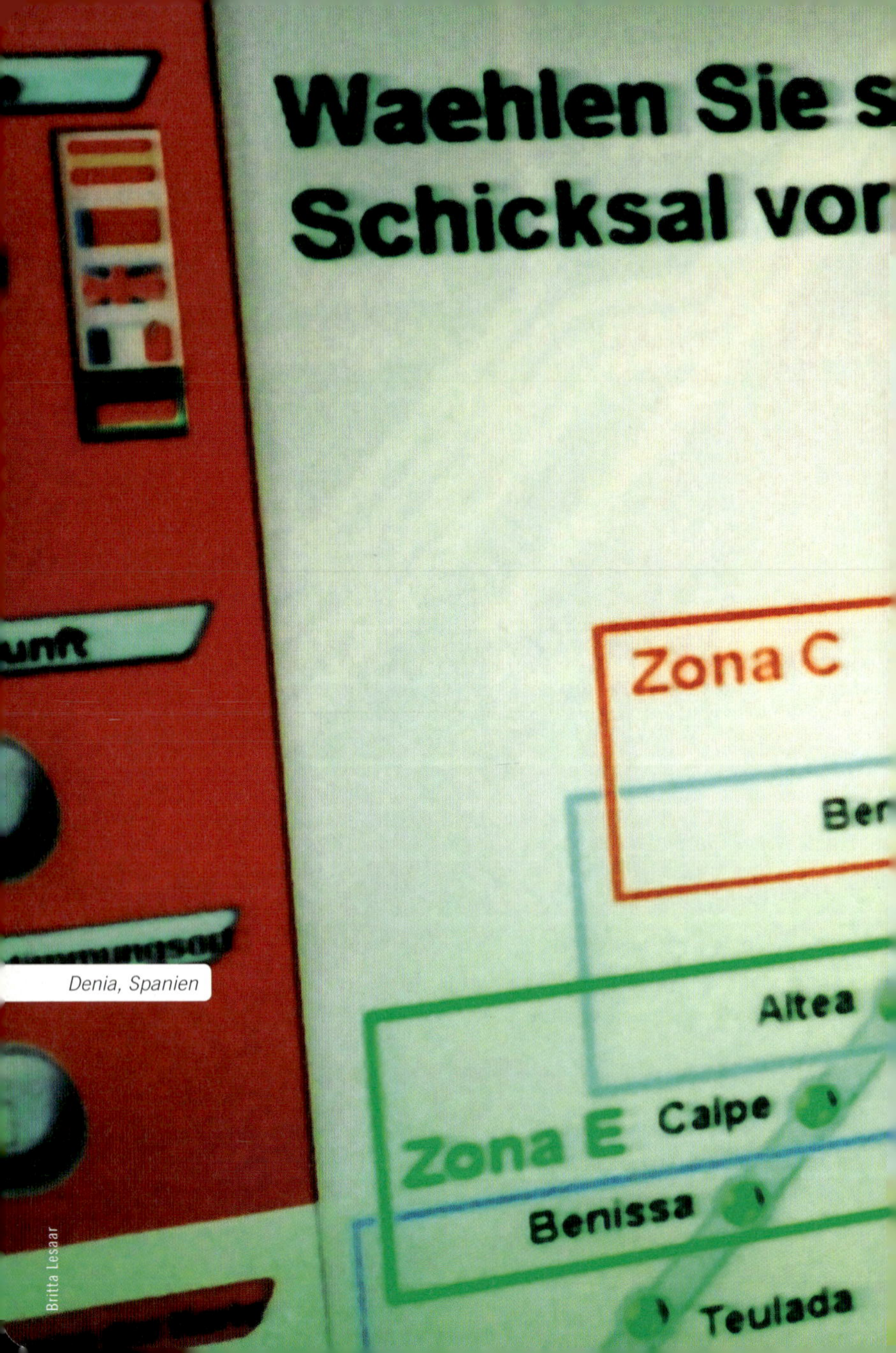

Denia, Spanien

Britta Lesaar

SEIT JAHRTAUSENDEN grübeln Philosophen über die Frage, ob das Schicksal des Menschen vorherbestimmt ist oder ob er eine Möglichkeit hat, den Lauf der Dinge zu beeinflussen. In Spanien kann man sein Schicksal an einem Fahrkartenautomaten vorwählen. Das Tolle daran: Es gibt eine Taste für „Zurueck Aenderung“. Diese Möglichkeit fehlt im wahren Leben leider.

Andreas Iwainsky

Huadu, China

WER VIEL SCHOKOLADE und Chips isst, bekommt leicht Pickel. Chinesen wappnen sich gegen Akne, indem sie gemäß dem homöopathischen Ähnlichkeitsprinzip Gleiches mit Gleichem abwehren und Pickel essen. Igitt! Schluss mit dem beizenden Humor. Gemeint ist Pickle-Gemüse, das in Essiglauge eingelegt ist.

Maximilian Meng

Shijiazhuang, China

DER ÜBERSETZER, der für dieses Schild verantwortlich ist, mag offensichtlich keine Früchte. Die Schriftzeichen bedeuten „héguǒ“, das ist Steinobst. Es muss sich also um einen ausgesprochenen Pfirsich-, Kirschen- und Aprikosenhasser handeln – anders ist die englische Version nicht zu erklären.

Manfred Thurner-Semmler

Madeira, Spanien

ES IST NICHT ganz klar, wie man dieses Lokal findet. Neben einem Brunnen? In der Altstadt? Auf dem Trottoir? Jedenfalls liegend, das steht fest. Wenn man schließlich dort ist, sollte man unbedingt „Gegrilltes am Kohle“ probieren. Spezialität des Hauses ist der „Degenfisch“, den man sonst nirgendwo bekommt (weil er normalerweise Schwertfisch heißt).

MEINE GESCHICHTE

Ich wurde im Iabre 1173 von Bonanno Pisano angefangen und wurde nach 99 Iahren unter der Wirkung von Giovanni di Simone beendigt. Tomas von Andrea Pisano krönte micht mit einem Glockenstubl. Meine Höhe beträgt 55,863 Meter. Meine höchste Höhebeträgt 56,705 Mein innerer Durhmesser auf dem Grund beträgt 7,368 Meter Mein ausserer Durhmesser auf dem Grund beträgt 15,484 Meter Ich bestehe aus acht Stockwerken. Ich habe 294 Stufen. Ich stütze mich aut drei Meter tiefe Stützmauern. Alles in allem beträgt mein gesamtes Gewicht 14.500 Tonnen. Meine Neigung beträgt 4,500 Meter. In meinem Glockenstuhl läuten. Ihnen sieben Glocken in verschiedenen Musiktönen. Meine älteste Glocke läutete für den Tod des "Conte Ugolino della Gherardesca". Von meiner Spitze aus, machte Galileo Galilei seinen berühmten. Für alles das, bin Ich einen sieben Weltwunder.

Harald Geith

Pisa, Italien

WENN DER SCHIEFE TURM von Pisa selbst über seine Geschichte berichtet, ist das zunächst mal eine steile Erzählidee. Die Ausführung ist allerdings ziemlich schräg – das bayerisch anmutende „Glockenstubl" wird man ebenso vergebens suchen wie die fehlende und entscheidende Information über Galileo Galilei. Der Satz „bin Ich einen sieben Weltwunder" legt außerdem den Verdacht nahe, dass der schiefe Turm eine multiple Persönlichkeitsstörung hat. Da ist einiges auf die schiefe Bahn geraten – wen wundert's bei diesem Bauwerk.

Jan Marot

1 *Huelva, Spanien*

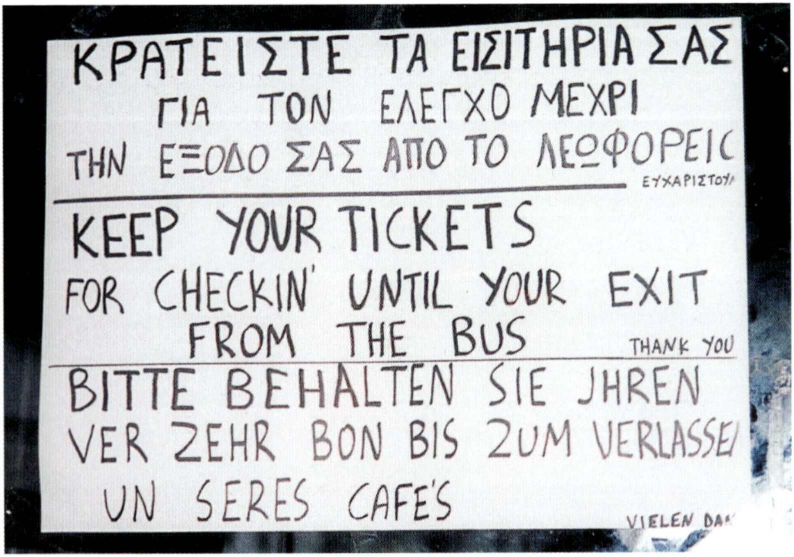

Nikolaus Seifert

2 *Santorin, Griechenland*

Christine Baumann

3 *Granada, Spanien*

1 UM EINE BESONDERS blöde Dummkopfcreme zu kochen, benötigt man einen Dummtopf und einen Dummkoch. Lauter beknackte Zutaten so lange rühren, bis man fast plemplem wird. Vorsicht: Das dumme Zeug schmeckt so irre gut, dass man sich daran blöd essen kann. Die Creme mag lecker sein, aber eine Kleinigkeit ist wirklich doof: „El calabacin" bedeutet sowohl „Zucchini" als auch „Dummkopf"!

2 DIE SES SCHILD BEEIN DRUCKT einer seits durch die G. schickte und G. fühl volle Zer hackung von Wör tern in schöne kleine Sil ben. Anderer seits wunder tes ein en dann schon, wa rum es in der griechischen und der englisch en Fass ung um einen Bus geht, in der deutsch en um ein Café.

3 ALS KÜNSTLER braucht man immer eine Inspiration, auf Deutsch heißt das heutzutage Input. Gut, wenn ein Hinweisschild einem den Eingang zur Inspiration zeigt.

Chios, Griechenland

Jessica Wienberg

DER SCHÖNSTE URLAUB kann eine Quälerei werden, wenn einen Moskitos plagen. Dieses Mittel aus Griechenland wirkt Wunder, und zwar ruckzuck, es „stossen die Mucken Zuruck“. Allerdings ist die Anwendung etwas gewöhnungsbedürftig, die Lotion muss „in die nackt Teilen deine Haut spritzen“, anschließend soll man sich schminken. Das muss extrem abschreckend wirken, nicht nur auf Mücken.

Patienteninformation

Universitätsklinikum Leipzig
Anstalt öffentlichen Rechts

Wir sind ungezogen

**Die Stationen der
Klinik und Poliklinik für Psychiatrie
finden Sie
ab dem 20. Dezember 2007 in der**

[redacted]

1 *Leipzig, Deutschland*

UNIVERSITÄT LEIPZIG
Medizinische Fakultät

Max Laube

Hans Jürgen Schmidt

2 *Phuket, Thailand*

1 ZIEMLICH FRECH, dieser Hinweis. In betont sachlicher Form weisen die Mitarbeiter der Poliklinik für Psychiatrie darauf hin, dass sie ungezogen sind. Allerdings ist das Schild insgesamt so höflich formuliert, dass man getrost vermuten kann, dass nur ein Buchstabe ungezogen ist, nämlich das N.

2 IM THAILÄNDISCHEN Urlaubsort Phuket hat jemand schön nachgedacht und dann dieses Schild gemalt. Es hat einen kleinen Schönheitsfehler, der vielleicht durch die phonetische Ähnlichkeit zum Englischen entstand: Thank – Denk. Trotzdem schön? Denke schon.

Ulrike Dauer

Bettmeralp, Schweiz

DIE BETTMERALP ist sauber, schön, gesund. Nur freitags bricht die Cholera aus. Die Berührung mit dieser Walliser Spezialität ist ungefährlich – es handelt sich um eine Art Quiche mit Kartoffeln, Speck, Schinken, Käse, Lauch und Zwiebeln. Der Name hat historische Wurzeln: Als vor rund 300 Jahren im Gomstal die Cholera ausbrach, trauten sich die Leute nicht aus ihren Häusern und aßen, was vorrätig war.

Charlotte Sternberg

Wien, Österreich

SO EINE REVOLUTIONÄRE Parole wirkt noch viel schlagkräftiger, wenn sie auf Englisch formuliert ist. Aber was fordern die Revolutionäre? Wollen sie dem Establishment eins auf die Ohren geben? Eine neue Weltverhörung? In Wirklichkeit zetteln sie nur eine Rechtschreibrevolution an, indem sie „here“ (hier) wie „hear“ (hören) schreiben. Motto: Wer nicht hier will, muss hören.

Norbert Locher

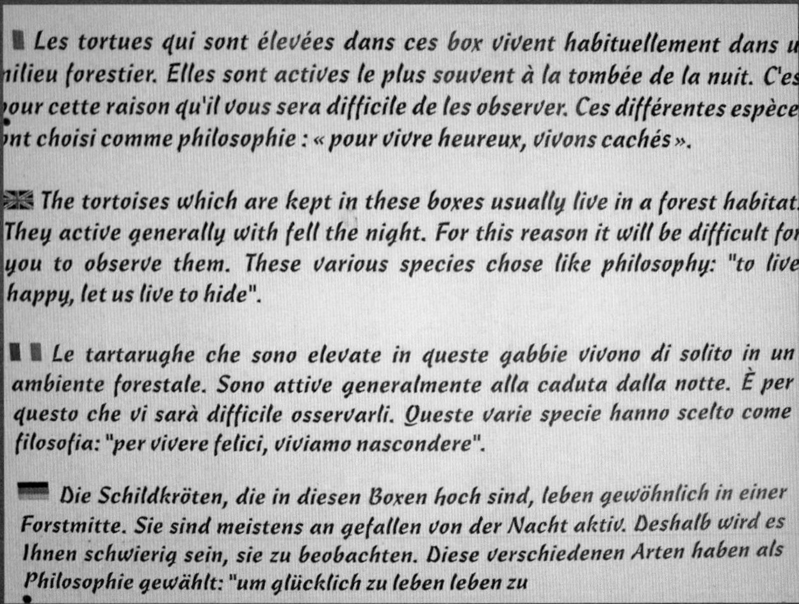

Korsika, Frankreich

„**GLÜCK IST** nichts anderes als das Umfangensein, Nachbild der Geborgenheit in der Mutter“, schrieb der Soziologe und Philosoph Theodor W. Adorno. Wer wüsste das besser als die Schildkröten – sie sind umfangen von einem Panzer, geborgen in sich selbst. Allerdings können die weisen Kröten das nur etwas unbeholfen auf Deutsch ausdrücken: „Um glücklich zu leben, leben zu.“ Verstehen? Leben zu, ziehen zurück, verstecken, dann glücklich.

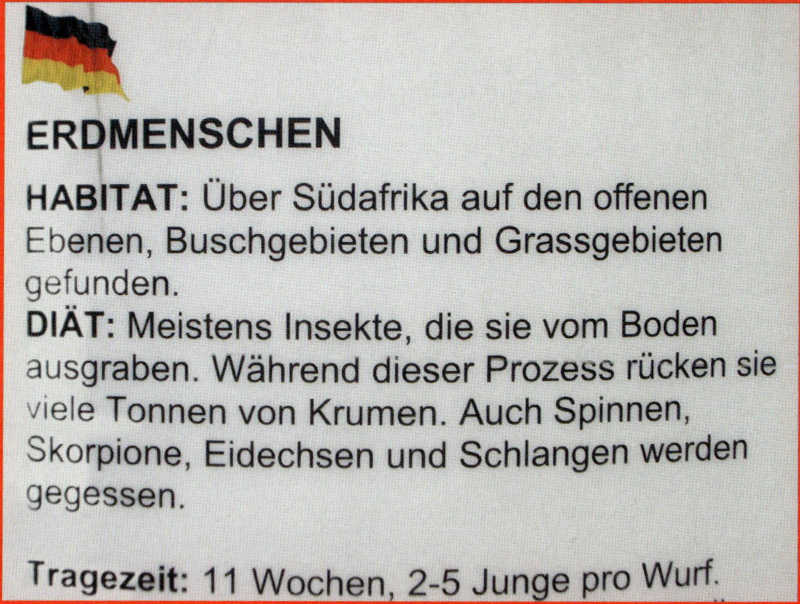

ERDMENSCHEN

HABITAT: Über Südafrika auf den offenen Ebenen, Buschgebieten und Grassgebieten gefunden.
DIÄT: Meistens Insekte, die sie vom Boden ausgraben. Während dieser Prozess rücken sie viele Tonnen von Krumen. Auch Spinnen, Skorpione, Eidechsen und Schlangen werden gegessen.

Tragezeit: 11 Wochen, 2-5 Junge pro Wurf.

Katrin Burkl

Aalborg, Dänemark

FORSCHER haben eine Säugetierart gefunden, die mit dem Menschen nah verwandt ist: die „Erdmenschen". Ihren Lebensraum könnte man mit einem Bestseller von Günter Grass umschreiben: „Ein weites Feld" oder kurz: „Grassgebiete". Erdmenschen sind winzig klein, vermutlich, weil sie streng Diät halten und nur Insekten essen. Ihr Verhalten ist den Wissenschaftlern ein Rätsel: Was wollen die Kerlchen mit den Tonnen von „Krumen", die sie „rücken"?

Homs & Hama, Syrien

IN SYRIEN Ski fahren? Geht bisher nur auf Sand. Eine Misere, die dringend behoben werden muss! Damit Syrien endlich mit der Schweiz und mit Österreich als Wintersportziel mithalten kann, wurde nun eine Schneefabrik gebaut. Ein Problem ist nur, dass die Pisten so schnell schmelzen. Ganz cool bleiben: Es handelt sich um eine Fabrik für Eiswürfel, die man in dem heißen Land wirklich brauchen kann.

So wird's gemacht

Wie bedient man eine „Eichwurfelmacine“? Mit welchem technischen Trick kann man beim Sport die „physische Feuchtigkeit“ zerstreuen? Was tun, wenn die „Laminierungs-Reibungskraft“ zu klein ist? Und wie zum Teufel funktioniert eine „Schmuckhaftslampe“? Nicht verzagen, dafür gibt es ja Gebrauchsanleitungen. Zum Verstehen dieser sprachlich hoch komplizierten Gesamtkunstwerke bräuchte man allerdings eine klar formulierte Gebrauchsanleitungsgebrauchsanleitung.

Michael Staudacher

1 *Hokkaido, Japan*

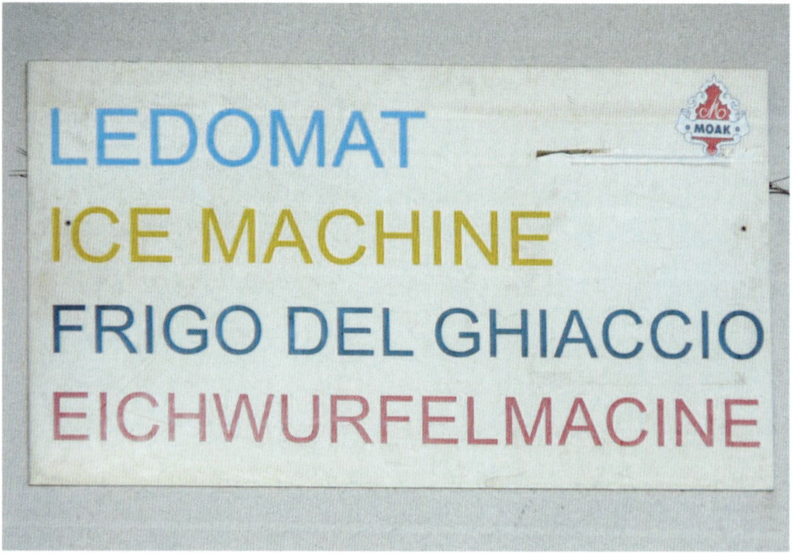

Christian Tesch

2 *Palmizana, Kroatien*

Oliver Simon

3 *Mallorca, Spanien*

1 WIE JETZT? Man soll andere Schließfächer benutzen, die zusammenbrechen? Und was haben die Streifenhörnchen mit der Sache zu tun? Können sie Schließfächer wie Nüsse knacken? Das Rätsel kann man nur knacken, wenn man den japanischen Originaltext knackt: „Schließfach ist defekt, bitte benutzen Sie ein anderes."

2 EINE EICHWURFELMACINE ist wahrcheinlich eine Macine, die Eichen wirft. Oder würfelt sie Eicheln? Eichentlich eine glasklare Sache, wenn man Kroatisch kann: Da ist „ledomat" der Fachausdruck für eine Eiswürfelmaschine.

3 EINE CLEVERE GESCHÄFTSIDEE auf Mallorca: Der Kassenautomat eines Parkhauses wird von deutschen Urlaubern finanziert. Bevor sie ihr „Frahrzeug" abholen dürfen, müssen sie den kompletten Apparat bezahlen. Das ist ziemlich ungerecht, denn Besucher aus anderen Ländern müssen nur eine Parkgebühr entrichten.

CHRONOGRAPH VD53

Funktion: - 3 Analoge Zeiger
- Datumsfenster
- Chronograph
(bis 60 Minuten in 1 zweitem Spaltemall)
- 24-Stunden Anzeige

Name der Tasten und der Hände

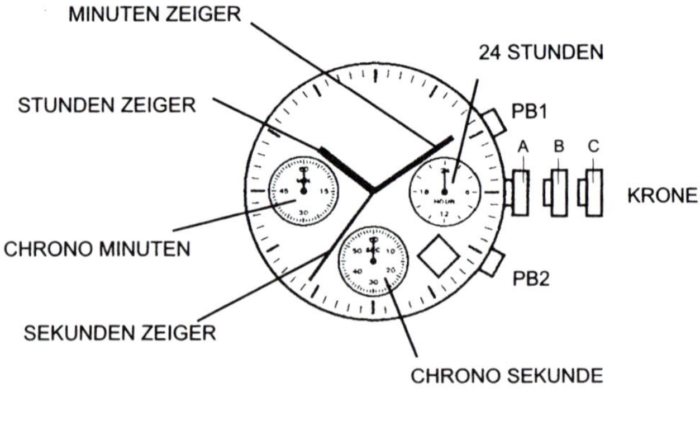

Wie man Zeit einstellt

- ZIEHEN Sie Krone in C Position aus.
- DREHEN Sie Krone nach rechts zur korrekten Zeit.
- DRÜCKEN Sie sich Krone in A Position ein.
- ANMERKUNG: 24 Stunde Anzeige benötigt keine Justage, es ändert, wenn sie Zeit einstellt.

Claus Fruhner

Wie man Datum einstellt

- ZIEHEN Sie Krone in B Position aus.
- DREHEN Sie Krone nach rechts, bis das wünschte Datum erscheint.
- ZIEHEN Sie die Krone in C Position aus, wenn die Sekundenzählzeiger am 12 Uhr ist. Sie stoppt sofort und rückt die Stunde vor und setzen die Zeiger auf, indem Sie die Krone dreht. (Bitte beachten, daß 24stündige Zeiger richtig eingestellt wird.) ** Wenn die Krone in der zweiten Klickensposition ist betätigen Sie keine Taste Andernfalls bewegen die Chronographzeigern
- DRÜCKEN Sie Krone zurück zu A Position.

Wie man Chronograph Minuten und Sekunden bis null zurückstellt

- ZIEHEN Sie Krone in C Position aus.
- BETÄTIGEN Sie PB1 oder PB2, um Chronograph Minute und Sekundezählzeiger auf Null Position zu stellen. Jeder Tiefstand von PB1 oder von PB2 verschiebt die Chronograph Sekunde Markierung der Hand eine oder den Tiefstand von PB1 oder von PB2 für eine rüber 2 Sekunden Bewegung die Chronograph Minute und die Sekunde zeiger ununterbrochen.
- DRÜCKEN Sie sich Krone in A Position ein.

Alles löschen für Chronograph

- ZIEHEN Sie Krone in C Position aus.
- BETÄTIGEN Sie PB1 und PB2 gleichzeitig für 3 Sekunden.
- GEBEN Sie Schieber frei. Chronograph Sekundezeiger schiebt hin und (half herum) zurück.
- DRÜCKEN Sie sich Krone in A Position ein.

Wie man abgelaufene oder aufgespaltete Zeit mißt

- BETÄTIGEN Sie PB1, um zu beginnen.
- BETÄTIGEN Sie PB2, um zu stoppen. Die Stoppuhr fährt fort, Zeit zu zählen ablief, aber die Zeige bewegen nicht.
- BETÄTIGEN Sie PB2 wieder, um Zeit festzusetzen wieder aufzunehmen. Die Zeigen bewegen schnell, um Gesamtverarbeitungszeit anzuzeigen und zu zählen fortzufahren.
- BETÄTIGEN Sie PB2 wiederholt, um zusätzliche Gesamtverarbeitungszeit zu zählen.
- BETÄTIGEN Sie PB1, um zu stoppen.
- BETÄTIGEN Sie PB2, um sich zurückzustellen.

DER CHRONOGRAPH VD53 ist eine ganz einfach zu bedienende Uhr. Es gibt zum Beispiel einen Schieber, der den Sekundenzeiger hin-und zurückschiebt. Damit lässt sich auch „aufgespaltete Zeit“ messen. Genie und Irrsinn gehen bei dieser Uhr Hand in Hand, wenn man sie ums Handgelenk schnallt – und nicht erschrecken, wenn das Gerät einen berührt, denn die Uhr hat auch Hände.

Thomas Lukasch

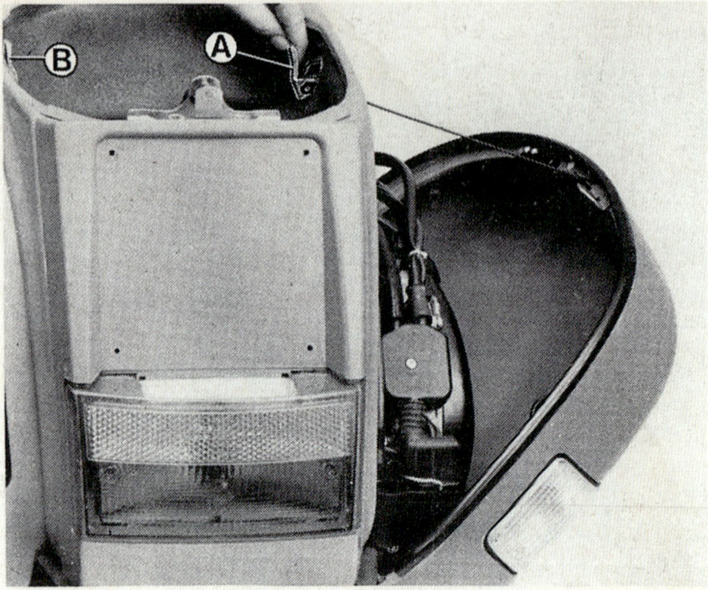

Achtung: *Die Abnehmen der Motorhaube mußt auf ausgelöschete Motor ausgeführtsein.*

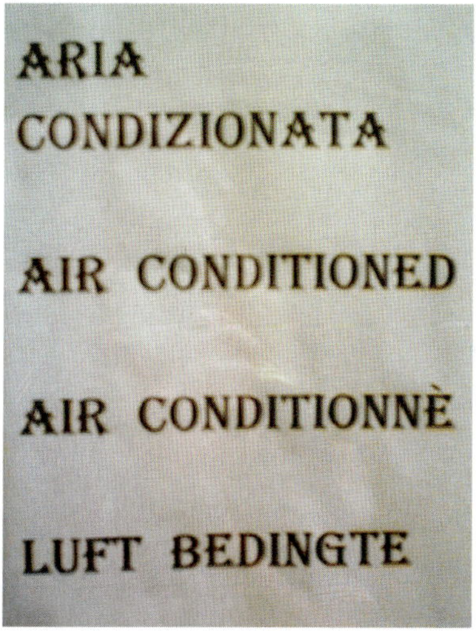

Timo Dettmann

2 *Venedig, Italien*

1 DIE VESPA ist so beliebt, weil sie zeitlos schön ist – wie viele italienische Designobjekte. Aber Produkte aus Italien sind leider auch zeitlos reparaturanfällig. Deshalb gibt es zur Vespa mittlerweile eine große Fülle an Sekundärliteratur. Dieses Reparaturhandbuch weist im wunderschönen italienisch-deutschen Stil darauf hin, dass der Motor „ausgelöschete" sein muss, bevor man daran herumfummelt. Eigentlich müsste der Satz auch repariert werden, aber dann wäre der ganze Charme kaputt – wie bei einer Vespa.

2 NUR BEDINGT zu empfehlen ist dieses Restaurant in Venedig, denn mit der Luftqualität scheint dort nicht alles in Ordnung zu sein. Mieft es stark nach Fisch? Wabern Stinkkäseschwaden durchs Lokal? Faul ist nur die Übersetzung: „aria condizionata" heißt einfach „klimatisiert".

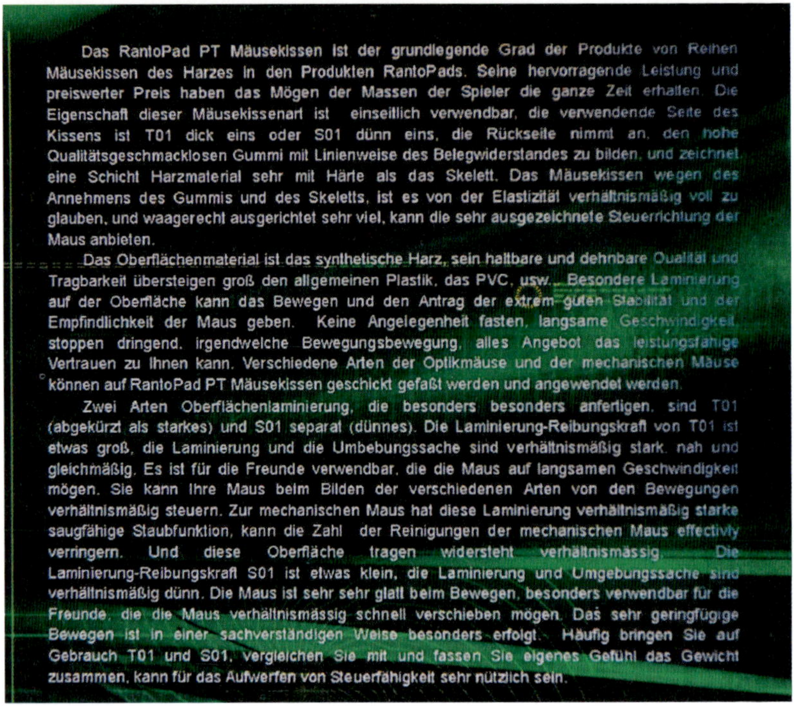

Das RantoPad PT Mäusekissen ist der grundlegende Grad der Produkte von Reihen Mäusekissen des Harzes in den Produkten RantoPads. Seine hervorragende Leistung und preiswerter Preis haben das Mögen der Massen der Spieler die ganze Zeit erhalten. Die Eigenschaft dieser Mäusekissenart ist einseitlich verwendbar, die verwendende Seite des Kissens ist T01 dick eins oder S01 dünn eins, die Rückseite nimmt an, den hohe Qualitätsgeschmacklosen Gummi mit Linienweise des Belegwiderstandes zu bilden, und zeichnet eine Schicht Harzmaterial sehr mit Härte als das Skelett. Das Mäusekissen wegen des Annehmens des Gummis und des Skeletts, ist es von der Elastizität verhältnismäßig voll zu glauben, und waagerecht ausgerichtet sehr viel, kann die sehr ausgezeichnete Steuerrichtung der Maus anbieten.

Das Oberflächenmaterial ist das synthetische Harz, sein haltbare und dehnbare Qualität und Tragbarkeit übersteigen groß den allgemeinen Plastik, das PVC, usw.. Besondere Laminierung auf der Oberfläche kann das Bewegen und den Antrag der extrem guten Stabilität und der Empfindlichkeit der Maus geben. Keine Angelegenheit fasten, langsame Geschwindigkeit, stoppen dringend, irgendwelche Bewegungsbewegung, alles Angebot das leistungsfähige Vertrauen zu Ihnen kann. Verschiedene Arten der Optikmäuse und der mechanischen Mäuse können auf RantoPad PT Mäusekissen geschickt gefaßt werden und angewendet werden.

Zwei Arten Oberflächenlaminierung, die besonders besonders anfertigen, sind T01 (abgekürzt als starkes) und S01 separat (dünnes). Die Laminierung-Reibungskraft von T01 ist etwas groß, die Laminierung und die Umbebungssache sind verhältnismäßig stark, nah und gleichmäßig. Es ist für die Freunde verwendbar, die die Maus auf langsamen Geschwindigkeit mögen. Sie kann Ihre Maus beim Bilden der verschiedenen Arten von den Bewegungen verhältnismäßig steuern. Zur mechanischen Maus hat diese Laminierung verhältnismäßig starke saugfähige Staubfunktion, kann die Zahl der Reinigungen der mechanischen Maus effectivly verringern. Und diese Oberfläche tragen widersteht verhältnismässig. Die Laminierung-Reibungskraft S01 ist etwas klein, die Laminierung und Umgebungssache sind verhältnismäßig dünn. Die Maus ist sehr sehr glatt beim Bewegen, besonders verwendbar für die Freunde, die die Maus verhältnismässig schnell verschieben mögen. Das sehr geringfügige Bewegen ist in einer sachverständigen Weise besonders erfolgt. Häufig bringen Sie auf Gebrauch T01 und S01, vergleichen Sie mit und fassen Sie eigenes Gefühl das Gewicht zusammen, kann für das Aufwerfen von Steuerfähigkeit sehr nützlich sein.

Andrej Meuer

Frankfurt, Deutschland

WAS MACHEN moderne Mäuse, wenn sie ganz müde sind? Sie betten ihr Mäuseköpfchen auf ein Mäusekissen. Eine findige Firma hat diese winzig kleine Marktnische entdeckt und bietet „Mäusekissen des Harzes“ an, die genau auf Mäusebedürfnisse zugeschnitten sind. Die Mäusekissen bestehen aus „qualitätsgeschmacklosem Gummi“, damit die Nager das Kissen nicht gleich zernagen. „Die Laminierungs-Reibungskraft ist etwas klein“, warnt der Hersteller, das macht aber nichts, denn in der Regel sind Mäuse ja auch etwas klein. Übrigens ist das Kissen auch gut für Mäusefreunde zu verwenden, steht in der Anleitung, etwa für Computermäuse.

Malte Böwering

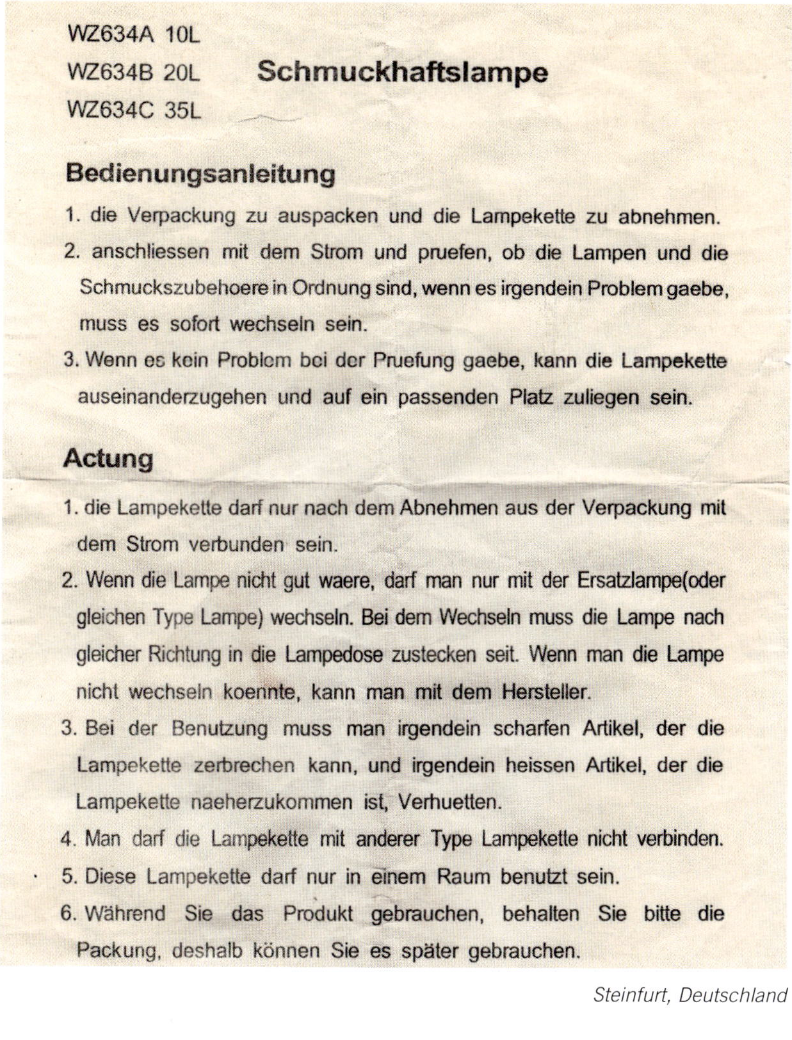

WZ634A 10L
WZ634B 20L **Schmuckhaftslampe**
WZ634C 35L

Bedienungsanleitung

1. die Verpackung zu auspacken und die Lampekette zu abnehmen.
2. anschliessen mit dem Strom und pruefen, ob die Lampen und die Schmuckszubehoere in Ordnung sind, wenn es irgendein Problem gaebe, muss es sofort wechseln sein.
3. Wenn es kein Problem bei der Pruefung gaebe, kann die Lampekette auseinanderzugehen und auf ein passenden Platz zuliegen sein.

Actung

1. die Lampekette darf nur nach dem Abnehmen aus der Verpackung mit dem Strom verbunden sein.
2. Wenn die Lampe nicht gut waere, darf man nur mit der Ersatzlampe(oder gleichen Type Lampe) wechseln. Bei dem Wechseln muss die Lampe nach gleicher Richtung in die Lampedose zustecken seit. Wenn man die Lampe nicht wechseln koennte, kann man mit dem Hersteller.
3. Bei der Benutzung muss man irgendein scharfen Artikel, der die Lampekette zerbrechen kann, und irgendein heissen Artikel, der die Lampekette naeherzukommen ist, Verhuetten.
4. Man darf die Lampekette mit anderer Type Lampekette nicht verbinden.
5. Diese Lampekette darf nur in einem Raum benutzt sein.
6. Während Sie das Produkt gebrauchen, behalten Sie bitte die Packung, deshalb können Sie es später gebrauchen.

Steinfurt, Deutschland

SO EINE SCHMUCKHAFTSLAMPE ist ein kompliziertes Ding. Man kann nicht vorsichtig genug damit sein. Wenn „irgendein scharfen Artikel“ und „irgendein heissen Artikel“ der „Lampekette“ zu nahe kommt, ist möglicherweise alles zu spät. Dann hilft nur noch „Verhuetten“. Dabei handelt es sich nur um eine Lampe und das dazugehörige Kabel.

El tejido SUMTEX está desarrollado con la última tecnología de filamentos de microfibra y con un acabado dual confort system. Esto permite una extrema transpiración manteniendo el cuerpo seco y una mayor adaptación, facilitando un mayor rendimiento del deportista.

The fabric SUMTEX developed with the last technology of microfiber filaments and finished dual comfort system. This allows an extreme sweating maintaining the dry body and a grea adjustment, acilitating a greater yield of the sportsman.

Le tissu SUMTEX est développé avec la dernière technologie de filaments en microfibre et avec une finition dual confort system. Ceci permet une extrême transpiration en maintenant le corps au sec et une plus grande adaptation, facilitant ainsi un meilleu rendement du sportif.

Dieses SUMTEX Gewebe, das mit letztem Technologie de Mikro Fiber Heizfäden entwickelt wurde und mit beendete Doppel Komfort System. Dieses läßf zu einem Übermaß, das den trockenen Körper und eine größere Anpassung zum Körper beibehalten schwitzt. Erleichterung eines größeren Ergebnisses des Sportsmann. Sehr ausdünstend.

Mallorca, Spanien

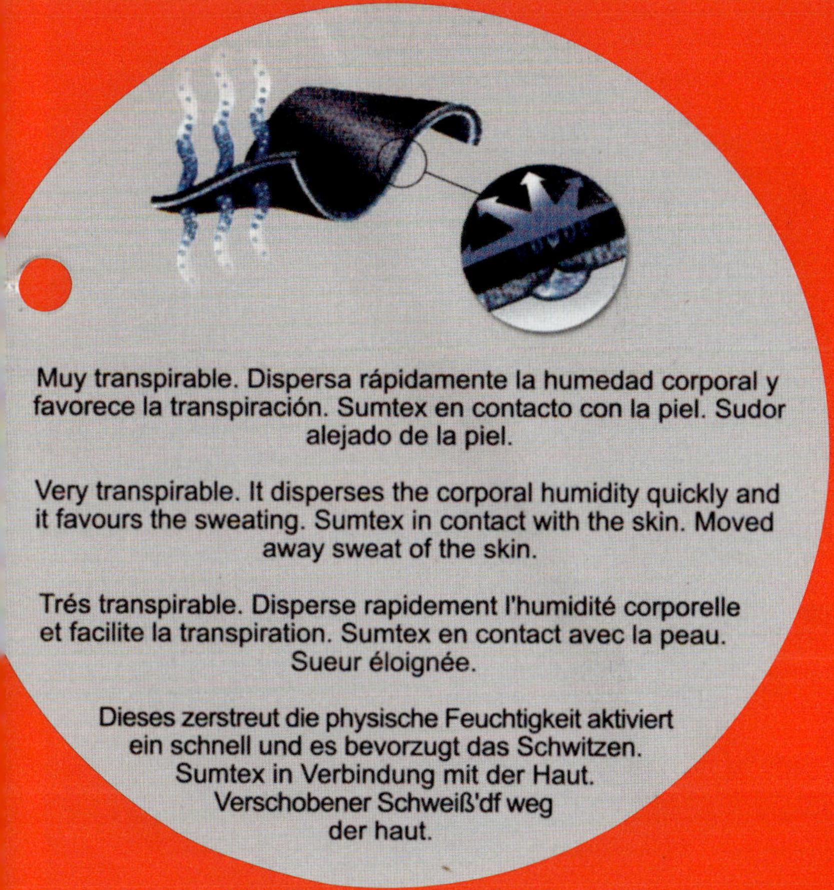

Marc Brandt

BEIM SPORT fließt Schweiß, da ist nichts zu machen. Man kann die auftretende Feuchtigkeit allenfalls durch eine kombinierte Zerstreuungs- und Verschiebungstaktik vom Körper wegorganisieren. Genau zu diesem Zweck ist dieses Trikot gemacht, es „zerstreut die physische Feuchtigkeit" und sorgt für „verschobenen Schweiß". Das Hemd ist „sehr ausdünstend" – kein Wunder, denn es besteht aus „Heizfäden". Irgendwas ist da schiefgelaufen bei der Produktion: „Filamentos" sind Glühfäden, aber auch einfach Fasern.

Erich Galehr

1 *Partenen, Österreich*

Christian Wallner

2 *Wien – Warschau*

Mario Rieß

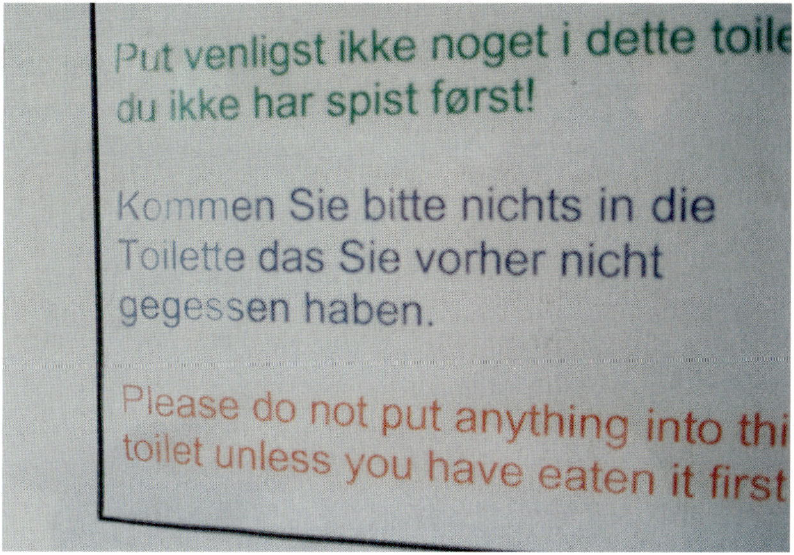

3 *Sønderborg, Dänemark*

1 MIT EINER MOTORSÄGE kann jeder Depp umgehen? Von wegen. Immer wieder stehen schreckliche Unfallmeldungen in der Zeitung, weil Leute sich aus Versehen Arme und Beine absägen oder sich mit diesen Horrorgeräten gleich komplett ins Jenseits befördern. Wie beruhigend, wenn sich jemand richtig gut auskennt und das Zubehör penibel instand hält. Wenn der Säger sprachtechnisch versagt, muss er ja nicht auch sägetechnisch eine Niete sein. Nicht verzagen, Hauptsache, es ist noch Motorsägebenzin da.

2 IM EUROCITY von Wien nach Warschau geht es ebenso multikulturell wie brachial zu. Im Notfall hilft es nur, die Decke zu durchbrechen. Wenn das auch nichts mehr nutzt, wird zur Flucht geraten: „Zihen die Laine!" Falls der Zug brennt, sollte man allerdings zuerst mal die Abdeckung aufbrechen und die Notbremse ziehen.

3 WER WEISS, was alles in dieser Toilette gelandet ist, bevor das Schild aufgehängt wurde. Statt „kommen" müsste dort „werfen" stehen, ansonsten ist die Übersetzung korrekt – und ernst gemeint.

Markward Wittmann

1 *Heume l'Église, Frankreich*

Felix Bolling

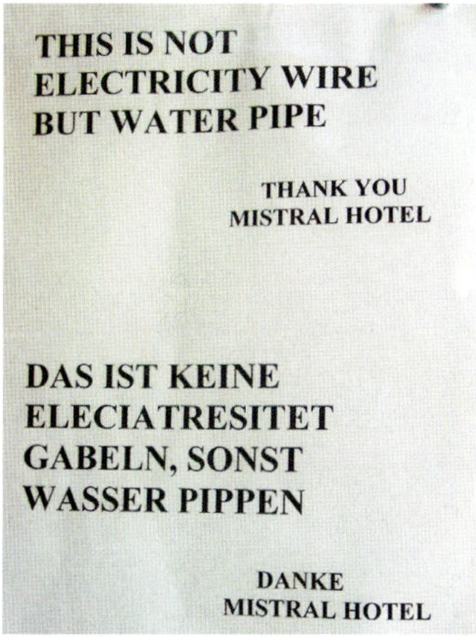

2 *Kreta, Griechenland*

1 EINE AUTOPANNE in der Auvergne ist nicht so schlimm, wenn man weiß, was man machen darf. Zum Glück steht das perfekt formuliert auf dem „Fuhrer der Pannenhilfe". Schwierig könnte es nur werden, wenn man die ominöse Telefongrenze nicht findet. Hauptsache, die „Notfeuer funktionieren gelassen". Es folgt ein kleiner Hinweis aus dem „Fuhrer" der Sprachpannenhilfe. Was man nicht machen darf: Warnblinkanlage mit Notfeuer verwechseln, Notrufsäule mit Telefongrenze übersetzen. Was man machen darf: Einen deutschkundigen Sprachmechaniker zu Hilfe rufen.

2 DAS MIT DER „Eleciatresitet" – oder wie dieses Zeug in den Stromleitungen heißt – ist ganz schön kompliziert. Darf man die Leitungen mit Gabeln berühren? Könnte gefährlich werden. Durch unsachgemäßen Umgang mit Sprachströmungen kann man in diesem Hotel auch einen Schlag bekommen. Statt Gabeln sind Kabel gemeint, und bei den „Wasser Pippen" handelt es sich um Wasserleitungen.

Grant Dunlop

Kyoto, Japan

BEIM GEDANKEN an den Zahnarzt kann einem leicht das Lachen vergehen. Eine Praxis in Japan hatte deshalb eine pfiffige Geschäftsidee: Grausige Dinge wie Bohrer und Schrauben werden als lustige, comicartige Signets dargestellt. Das nimmt den Kunden die Angst. Wen die psychologisch durchdachte Zeichensprache nicht ganz überzeugt, der sollte es einfach so machen wie Pacman (Symbol in der mittleren Reihe links): Mund aufsperren, ohne nachzudenken.

Ohne Worte?

Über das Verschwinden von Zeichen hat Umberto Eco meisterhaft in seinem Roman „Der Name der Rose“ geschrieben. Weniger meisterhaft erscheint es, wenn Zeichen existieren, aber ihr Sinn verschwindet. Ein Hund sieht aus wie ein Hase, ein Schild warnt vor mysteriösen schwarzen Rechtecken, ein Verkehrsschild verbietet Elefanten das Mopedfahren. Auch Bilder ohne Worte können Übelsetzungen sein, obwohl sprachlich nichts falsch ist.

1 *Tokio, Japan*

Kerstin Schlempke

2 *Pilanesberg, Südafrika*

1 BEI BAYWATCH bekäme ein Mann für diese Tat allerbeste Haltungsnoten. Bei Babewatch ist es Männern allerdings verboten, langbeinige, schlanke junge Frauen wegzuschleppen, auch und gerade wenn die schönen Körper leblos erscheinen. Das Abschleppverbot gilt für eine Bar in Tokio – dort ist es offiziell untersagt, den Zustand betrunkener Damen auszunutzen.

2 SCHON SEIT JAHREN fordert der SEMC (Südafrikanischer Elefanten-Motorradclub) freie Fahrt für freie Elefanten. Aber wenn ein Weg so zugewuchert ist, kommen selbst äußerst geschickte Elefanten nicht mehr mit dem Moped weiter. Die Tiere müssen hier ausnahmsweise zu Fuß gehen. Die Verwaltung des südafrikanischen Wildreservates Pilanesberg hat versprochen, alles Menschen- und Elefantenmögliche zu tun, damit sich die Straßenverhältnisse bald wieder normalisieren.

Revine Lago, Italien

Tobias Schröder

WEITGEHEND UNERFORSCHT ist noch der „Gigante del bosco“, eine Art italienischer Yeti, der in der Gegend um Revine Lago leben soll. Der riesenhafte Waldmensch ist angeblich größer als ausgewachsene Tannenbäume. Der Beweis dafür fehlt allerdings, denn fotografiert wurde der sagenumwobene italienische Waldriese noch nie. Es gibt eine zweite Theorie, die besagt, dass es gar keine Waldriesen gibt – und in Wirklichkeit die Bäume der Gegend unter Zwergwuchs leiden.

Oliver Weiß

Durban, Südafrika

KROKODILE EXISTIEREN seit rund 230 Millionen Jahren auf der Erde, und kritische Stimmen behaupten, sie seien gefräßig und nicht besonders schlau. Das ist ein krasses Vorurteil, denn die furchterregenden Biester passen sich immer wieder geschickt der Umwelt an. In Südafrika haben sie sogar gelernt, dass ihnen an abschüssigen Wegen immer wieder unvorsichtige Rollstuhlfahrer in den Rachen rumpeln. Gar nicht so blöd.

Martin Haller

Klausdorf, Deutschland

SOLLEN INDISCHE Computerexperten eine Greencard bekommen, um in Deutschland arbeiten zu können? Der Politiker Jürgen Rüttgers löste vor Jahren einen Sturm der Entrüstung aus, als er den Zuzug von ausländischen Fachkräften mit dem Schlagwort „Kinder statt Inder" ablehnte. Das Problem hat sich anscheinend zugespitzt, denn Kinder werden in Deutschland immer weniger geboren, während schon vor freilaufenden grünen Indern gewarnt wird.

Thomas Pitz

Tallinn, Estland

JOGGER HABEN es immer schwerer. Sie können sich kaum noch auf die Straße trauen, ohne beschimpft und angerempelt zu werden. Die Gehetzten der Gesellschaft werden von arroganten jungen Frauen immer öfter mit Handtaschen geschlagen. Stopp – wer muss hier Angst vor wem haben? Eigentlich soll mit dem Schild vor Taschendieben gewarnt werden.

Thomas Pitz

Mainz, Deutschland

MÄNNER MIT ECKIGEN BEINEN und zu kleinen Füßen haben es von Haus aus nicht leicht. Aufgrund ihrer anatomischen Anomalien haut es sie schnell mal von den Socken. Aber was soll man davon halten, wenn so ein Typ sich mit einem Gartenschlauch auch noch selbst in den Hintern spritzt? Ist er dann nicht selber schuld an seiner bizarren Lage? Nein: Das Schild warnt vor den Folgen eines Stromschlags.

Conny Müller

Essen, Deutschland

FORSCHER HABEN eine neue aggressive Pflanzenart entdeckt: den fleischfressenden Baum. Die Spezies schafft es auf bisher unbekannte Weise, ganze Pferde zu verschlingen. Falls keine Tiere greifbar sind, vertilgt der Raubbaum Pferde-Schilder, einfach mal so, mit einem Happs.

Thomas Pitz

Hamburg, Deutschland

VOR JAHREN SCHON warnten britische Unfallexperten vor bösartigen Linksabbiegeschildern, die Passanten anrempeln und absichtlich Unfälle verursachen. Fast unbemerkt haben sich in Deutschland nun gemeine schwarze Rechtecke breitgemacht. Diese heimtückischen rechtwinkligen Biester greifen hinterrücks an, von der Seite und von oben. Sie durchbohren Körperteile, werfen sich wehrlosen Menschen auf den Rücken und fallen Spaziergänger an.

Lanquin, Guatemala

Jennifer Mills

DIE SEMIOTIK erklärt die sinnvolle Verwendung von Zeichen so: „Ein semiotischer Vorgang liegt vor, wenn eine codierte Nachricht von einem Sender zu einem Empfänger gesendet wird und diese Nachricht vom Empfänger decodiert werden kann." Streng wissenschaftlich ist bei diesem Schild in Guatemala kein semiotischer Vorgang möglich, denn kein Mensch kann entschlüsseln, was dort verboten ist: Hasen? Ketchup? Blumensträuße? Vulkane? Wenigstens die Zigarette und die Pistole sind so gemalt, dass man sie erkennt.

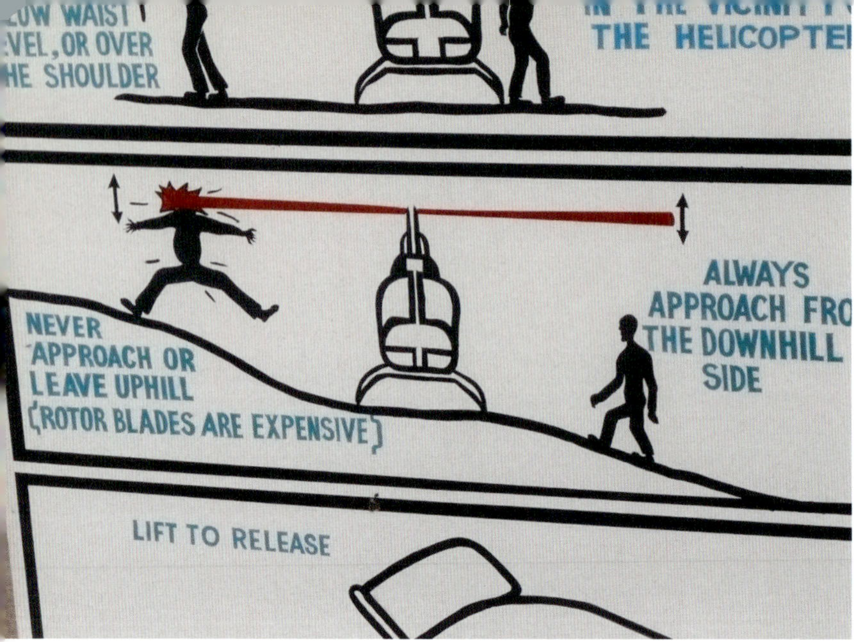

Viktoriafälle, Sambia

Wolfgang Tausig

EIN RUNDFLUG MIT dem Helikopter über den Viktoriafällen in Sambia ist eine herrliche Sache – falls man nicht kurz vorher stirbt. Deshalb rät der Heli-Besitzer, immer von der Talseite einzusteigen und niemals von der Bergseite. Den Grund dafür nennt er netterweise auch: Rotorblätter sind teuer.

Ellie Brown

Uslan, Südkorea

WAS WOLLEN UNS diese seltsam geformten Männchen, die im Stil von Keith Haring durch die Gegend laufen, bloß sagen? Man darf nicht mit Schirmen rennen? Nicht gleichzeitig Baseballschläger und Koffer besitzen? Auf Koreanisch steht dort, man solle die Schuhe ausziehen, nicht schubsen, keine spitzen Gegenstände mit sich führen, keine Salti machen und nicht die Hände in den Hosentaschen lassen. Strenge Sitten auf koreanischen Kinderspielplätzen!

Birgit Schiller

1 *Cape Tribulation, Australien*

Thomas Pitz

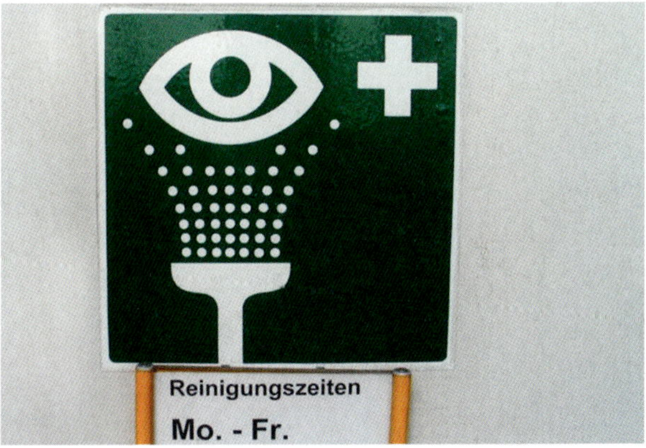

2 *Frankfurt, Deutschland*

1 IN AUSTRALIEN gibt es extrem viele Tiere, die für den Menschen gefährlich sein können: Spinnen, Schlangen, Quallen, Haie, Krokodile. Umgekehrt ist die Gefahr allerdings viel höher. Man kann nicht vorsichtig genug sein, sonst nietet man schnell ein vom Aussterben bedrohtes Restexemplar um. Rücksichtslosen Geländewagenfahrern kann man das nicht drastisch genug vermitteln.

2 DAS KREUZ UND DAS AUGE haben in der christlichen Symbolik eine zentrale Bedeutung. Allerdings handelt es sich hier eher um ein Pluszeichen, und um das Auge Gottes gehört normalerweise ein Dreieck und kein grünes Quadrat. Und was soll die Dusche? Es geht nicht um Vorsehung, sondern um Vorsicht: Im Falle einer Verätzung können sich Arbeiter hier die Augen ausspülen.

Liebe Leser!

Wir übelsetzen weiter! Wenn Sie daheim oder unterwegs, im Kurzurlaub oder auf einer großen Reise skurrilen „Übelsetzungen“ begegnen, können Sie uns Ihre persönlichen Fundstücke per Post oder per E-Mail schicken. Vielen Dank!

Post: Langenscheidt Verlag,
Redaktion Wörterbücher,
Kennwort „Übelsetzungen“,
Postfach 40 11 20
80711 München

E-Mail: wb@langenscheidt.de,
Betreff: Übelsetzungen

Bangonrat Mahmood, Marco Enderli

Alice Springs, Australien